Nissen/Arnold · Kindheit damals

Gerda Nissen/Volker Arnold

Kindheit damals

Erinnerungen aus alten Familienalben

Westholsteinische Verlagsanstalt Boyens & Co.

Danksagung

Zu dem vorliegenden Buch führte als erste Station die im Heider Heimatmuseum ziemlich spontan entstandene Ausstellung „Fundgrube Fotoalbum – Kinder vor der Kamera." Ihr geplanter Umfang vergrößerte sich durch unerwartete Resonanz um viele zusätzlich zur Verfügung gestellte Bilder. Den zahlreichen Einlieferern sei hierfür gedankt. Ohne dieses reichhaltige Bildmaterial wäre die für das Buch getroffene Auswahl nicht zustande gekommen.

Außer den Autoren stellten folgende Personen oder Institutionen Bilder zur Verfügung: Ruth Arnold, Hans Bachmann, Natalie Biermann, Udo Christiansen, Dithmarscher Landesmuseum Meldorf (S. 21, 57, 106, 150), Margot Engel, Liane Hauschild, Heider Heimatmuseum, Heider Stadtarchiv, Reimer Franck, Kathrine Hinrichsen, Cornelius Hölck, Ulrike King, Gerhard Langmaack, Hans Ledeboer, Marianne Meinke, Anne Meseke, Anna Müller, Veronika und Walter Reger, Ursula und Klaus-Peter Pien, Margitta Schlüter, Thea Schramm, Jens Siebke, Annemarie Topp, Anja Treder, Lotte Vierth, Kerstin Zicher. Allen sei dafür gedankt, besonders auch für die Mühe, nach der Ausstellung die Bilder noch ein zweites Mal für den Buchdruck heraussuchen zu müssen.

ISBN 3-8042-0786-3

© 1996 Westholsteinische Verlagsanstalt Boyens & Co., Heide
Alle Rechte vorbehalten.
Abdruck des Bildes auf S. 108 aus Nis R. Nissen, Album 1900. Dithmarscher Pressedienst Verlag, Heide, mit frdl. Genehmigung.
Gestaltung Günter Pump.
Herstellung Westholsteinische Verlagsdruckerei Boyens & Co.
Printed in Germany

Inhalt

Vorwort – oder: dem Zufall eine Chance!

An diesem Buch haben zwei Autoren und der Zufall mitgewirkt: Volker Arnold trug die Fotos zusammen, Gerda Nissen schrieb den Text, und der Zufall bestimmte, wo, aus welcher Zeit und in welchem Zustand die Bilder gefunden wurden.

Der Zufall kann sehr hilfreich sein, ist aber nicht sonderlich zuverlässig. So kommt es, daß für manche Fotos genaue Orts- oder Zeitangaben fehlen. Die meisten von diesen undatierten Bildern stammen aus alten Beständen der Heider und Meldorfer Museen. Sie sind schon kurz vor oder nach der Jahrhundertwende aufgenommen worden. Viele existieren nur als Negative auf Glasplatten oder sind schlecht erhaltene Abzüge. Andere Motive sind stark vergrößerte Ausschnitte alter Fotos und liegen hinsichtlich der Schärfe an der Grenze des Vertretbaren. Auch die Schwächen mancher Amateurfotos mußten toleriert werden, wenn man auf besonders wichtige oder typische Bildaussagen nicht verzichten wollte.

Etliche Dithmarscher Familien haben bereitwillig ihre alten Fotoalben für dieses Buch geöffnet. Der eine oder die andere werden sich vielleicht auf diesen Seiten wiedererkennen und für einen Augenblick vergessen, daß die Haare schon silbern schimmern. Aber es ist sehr wahrscheinlich, daß auch alle anderen, die „zufällig" nicht in diesem Buch vertreten sind, beim Blättern und Schauen den halb verwehten Spuren ihrer Kindheit folgen werden.

Kinder vor der Kamera

Es ist August 1898. Lisbeth wird zwei Jahre alt. Ihre Eltern wollen sie aus diesem Anlaß zum erstenmal fotografieren lassen. So sitzt sie nun in ihrem mit Rüschen und Spitzen besetzten weißen Festkleidchen auf einem Kinderstuhl mit gedrechselten Beinen und erlebt ihren ersten Alptraum vor einer Kamera. Ein fremder Mann wedelt mit einem großen schwarzen Tuch herum, verhüllt damit einen Holzkasten auf Beinen und verkriecht sich schließlich selbst darunter.

Das ist zuviel für Lisbeths Nerven. Sie fängt an zu weinen, und Mama muß ihr die Nase putzen. Dabei erzählt sie ihr die bei kleinen Kindern noch heute übliche Geschichte, daß bald ein Vögelchen aus dem Kasten kommen werde, wenn Lisbeth nur lange genug stillsitzt und aufpaßt. Also paßt Lisbeth auf. Der Vogel kommt natürlich nicht, aber später bewundern ihre Enkel die weit aufgerissenen, staunenden Augen, mit denen Oma als kleines Mädchen in die Kamera sah.

Kinderfotografie vor über hundert Jahren – so oder so ähnlich sind die ältesten Kinderbilder entstanden, die man heute manchmal noch in sorgsam gehüteten Familienalben findet. Damals war es ein außergewöhnliches Ereignis, wenn Eltern ihre Kinder „ablichten" ließen. Die Fotografenmeister der ersten Stunde verstanden sich als legitime Nachfolger der Porträtmaler, bezeichneten sich selbst als Künstler und ihren Arbeitsplatz als Atelier. Auf das Feinste herausgeputzt betrat man diese wie Theaterkulissen ausgestatteten heiligen Hallen und mußte schon eine gehörige Portion Selbstbewußtsein mitbringen, um bei der nervenaufreibenden Suche nach der vorteilhaftesten Pose nicht den Humor zu verlieren.

Das Unternehmen war nicht gerade billig. Für das sorgfältig retuschierte Abbild der Familienmitglieder auf steifer Pappe mit vornehm glänzendem Goldrand war ein stolzer Preis zu zahlen. Deshalb wurden Fotos damals nur zu ganz besonderen Anlässen gemacht. Arme Leute konnten sich so etwas höchstens zur Hochzeit leisten.

Geduld, Geduld – gleich kommt das Vögelchen aus dem Kasten! Lisbeth wird zwei Jahre alt und glaubt noch an die Märchen der Erwachsenen (1898)

Pomp und Pathos der Jahrhundertwende im Fotoatelier. Sehr glücklich ist die Kleine nicht – weniger wäre mehr gewesen

Wie weit entfernt ist das doch von heute, wo stolze Familienväter auf Kinderfesten und im Urlaub mit der Videokamera die Aktivitäten ihrer quirligen Sprößlinge einfangen und abends vorm Schlafengehen schnell noch einmal über den Bildschirm des Fernsehers flimmern lassen!

So lange die Kinderfotografie noch ausschließlich in den Händen der Berufsfotografen lag und überwiegend im Atelier stattfand, konnte es keine zwanglosen Schnappschüsse geben, wie wir sie heute gewohnt sind. Die Kinder wurden aufgebaut wie hübsche Dekorationsstücke. Der Fotomeister umgab sie mit allerlei sinnreichen oder manchmal auch völlig sinnlosen Versatzstücken, die dem um die Jahrhundertwende vorherrschenden Hang zu Pomp und Pathos Rechnung trugen.

Wir schmunzeln heute über das Foto von dem kleinen Mädchen, das 1905 in einem Heider Atelier entstand: Im Hintergrund gemalte klassizistische Architektur, im Vordergrund ein bizarrer Bambusstuhl, der fernöstliche Assoziationen hervorruft, daneben ein üppig mit Kunstblumen dekorierter Henkelkorb und zwischen all der zusammenhanglosen Ausstaffierung eine niedliche Kleine im dunklen Samtmantel mit großer Satinschleife auf der Brust. Sie sieht nicht gerade glücklich aus. Wer weiß, wie lange mit ihr herumprobiert worden ist, bis alles so hingezirkelt war, wie die Großen es leiden mochten? Kein Zweifel: Hier wäre weniger mehr gewesen.

Doch es sollte nicht mehr lange dauern, bis in der Kinderfotografie die ersten Amateure – in der Regel technisch interessierte Väter – mitmischen konnten. Wer genügend Geld und Interesse an der Fototechnik hatte, kaufte sich einen der damals noch sehr unhandlichen und teuren Fotoapparate und lichtete seine Sprößlinge nun zu Hause ab. Trotzdem sahen anfangs die Kinderbilder der Amateure nicht viel anders aus als die der Profis. Jetzt stand Bübchen nicht mehr im Atelier, sondern vor der häuslichen Wohnzimmertapete, aber immer noch regungslos für die Kamera Modell.

Das Bild von 1914 zeigt, daß der Kleine im Russenkittel mit der prächtigen Borte schon weiß, was er von seinem fotografierenden Vater zu befürchten hat. Mit hilflos ausgebreiteten Armen und angstvoll aufgerissenen Augen erwartet er das unvermeidliche Blitzlicht, das damals noch nicht aus der Blitzbirne kam, sondern wie eine feurige Explosion offen abgebrannt wurde. Noch immer ist das Fotografiertwerden also kein reines Vergnügen für ein Kind.

Das Monopol der Berufsfotografen währte bis etwa 1875. In diesem Jahr kam der erste Rollfilm auf den Markt, und mit ihm erschien als neuer dazugehöriger Kameratyp die unvergessene, vielgeliebte, ewigjunge „Box". Ihre Verbreitung wurde von der Fotoindustrie vor allem deshalb forciert, weil sie den Absatz der neuen Rollfilme ankurbelte.

1890 brachte die Firma Kodak in den USA ihre erste Box heraus, die eigentlich nichts anderes war als eine Kastenkamera im Taschenformat. Ihre für heutige Verhältnisse primitive Technik machte sie zu einem leicht zu bedienenden, „idiotensicheren" Apparat, der zudem noch preiswert war.

Der Siegeszug der handlichen Box geriet noch einmal ins Stocken, als die Weltwirtschaftskrise um 1930 überall den Konsum drosselte. Doch amerikanische Werbestrategen fanden den richtigen Dreh für dieses Problem. In einer großangelegten Aktion verschenkte Kodak in den USA im Jahr 1930 eine halbe Million(!) der neuen Amateurkameras an Schulkinder. Und damit diese nicht schon gleich zu Beginn am Einlegen des Films scheiterten, nahm Kodak anfangs die Box mit dem noch eingelegten belichteten Film zurück, entwickelte ihn, legte einen neuen ein und lieferte den unerfahrenen jungen Kunden die Kamera „schußbereit" ohne Versandkosten wieder aus. Der zugkräftige Slogan für diesen Service hieß: „You press the button, we do the rest" (Du drückst auf den Knopf, wir machen den Rest). Agfa in Deutschland ließ sich etwas ähnliches einfallen, indem sie zum Beispiel ihre Box als Preisgeschenk bei Schulwettbewerben stiftete.

Fortan haben die Erzeugnisse dieses einfachen und handlichen

Gerade stehen, Augen auf und festen Halt an der Tapete suchen – tapfer widersteht das Söhnchen dem väterlichen Blitzlichtgewitter (1914)

Apparates den Inhalt ungezählter Familienalben geprägt. Unge-
achtet der Tatsache, daß diese Kamera nur über zwei Blendenwerte
und einen Spiegelsucher von der lächerlichen Größe einer halben
Briefmarke verfügte, der das Motiv seitenverkehrt oder manchmal
auf dem Kopf stehend zeigte, ließen sich mit ihr endlich zwanglose
Kinderbilder machen. Bei Schnappschüssen gab es allerdings oft
Bewegungsunschärfe.

Da sich wegen der einfachen Handhabung ein jeder zutraute, mit
der Box zu fotografieren, gerieten in die Familienalben auch immer
wieder die typischen Anfängerbilder, auf denen den Teilnehmern
am Familienausflug oder Oma und Opa im Garten die Beine vom
unteren Bildrand abgeschnitten waren, während der leere Himmel
über ihren Köpfen fast die Hälfte des Fotos einnahm.

Getreulich hat die Box über Jahrzehnte hinweg in der Hand glück-
licher Eltern die besonderen Ereignisse im Leben der Kinder festgehalten. Sogar nach dem Zweiten Weltkrieg, als die besiegten
Deutschen ihre von den Besatzern beschlagnahmten Fotoapparate
durch inzwischen erheblich verbesserte Kameras ersetzen konnten,
erlebte die Box noch eine Art von Renaissance. Sie wurde in den
50er Jahren plötzlich wieder gekauft – und zwar nicht mehr von den
Anfängern und armen Leuten, sondern – wie die Fachpresse fest-
stellte – von der sogenannten „Intelligenz", die „des Denkens müde
geworden" war und in der Freizeit nur noch „einfach drauflosknip-
sen" wollte.

Unter einem farbenfrohen, stromlinienförmigen Design und dem
Namen Instant-Kamera hat sich das technische Prinzip der Box
noch jahrzehntelang nach dem Zweiten Weltkrieg versteckt und auf
dem Markt für Fotoeinsteiger und „Denkfaule" viele Abnehmer gefunden.

Für den ehrgeizigen und betuchten Amateur war die Box natürlich
nicht gerade eine Herausforderung. Wer sich mehr zutraute, bessere Fotos wollte und höhere Preise zahlen konnte, machte die Ent-
wicklung der Kameratechnik mit und konnte seine Talente an zwei-
und einäugigen Spiegelreflex-Kameras, Fotoapparaten mit Balg-

Der spannend-
ste Moment:
Kleiner Baumei-
ster, selbst noch
in sehr labilem
Gleichgewicht,
sammelt erste
Erfahrungen
mit den Geset-
zen der Schwer-
kraft (20er
Jahre)

auszug und auswechselbaren Objektiven und schließlich an den
handlichen Kleinbildkameras wie Retina und Leica erproben. Mit
lichtstarken, variablen Objektiven und schnellen Verschlußzeiten
war es endlich möglich, scharfe und in der Belichtung zufrieden-
stellende Schnappschüsse von Kindern zu machen.

Ein Kinderbild aus den 20er Jahren zeigt beispielhaft den grund-
legenden Wandel, den die Fortschritte der Fototechnik der Kinderfotografie brachten. Der kleine blonde Baumeister, der gerade gelernt hat, in der Hocke das Gleichgewicht zu halten, versucht sich
an einer der schwierigsten Konstruktionen: dem Turm aus senk-
recht übereinandergestellten langen Klötzen, der sogar ehrgeizige
Erwachsene noch ins Schwitzen bringen kann. Endlich sieht man
ein Kind in Aktion, sieht die Konzentration, die Behutsamkeit, die
Hoffnung, mit der das Werk ausgeführt wird. Wenn er jetzt vorsich-
tig losläßt, steht es! Und man ahnt das glückliche Lächeln, das in
den Mundwinkeln schon bereitliegt, wenn der Erfolg die Mühe
krönt.

In den Familienalben hat der Fortschritt der Fototechnik deutlich sichtbare Spuren hinterlassen – nicht nur in der Qualität der Bilder, sondern auch im Motiv. Statuarisch aufgebaute Kinder wurden immer seltener. Stattdessen buddelten sie nun in der Sandkiste, plantschten im Wasser oder vergnügten sich mit einem Spielzeug.

Seit Kinder beim Spielen fotografiert werden können, haben Eltern mit der Kamera auch ungezählte Teddys, Holzeisenbahnen, Schaukelpferde, Dreiräder, Bälle und alles mögliche mehr auf den Film gebannt und damit zugleich eine Art Dokumentation über die Entwicklung des Kinderspielzeugs abgeliefert.

Es ist allerdings schade, daß in der Kinderfotografie das Thema „Spiel" fast immer nur am Gegenstand festgemacht worden ist. So können wir heute zum Beispiel erkennen, wie der längst von der Bildfläche verschwundene Trudelreifen aus Holz vor hundert Jahren ausgesehen hat, aber von all den Spielen, die Kinder sich ausgedacht haben, ohne daß dazu ein Spielzeug nötig gewesen wäre, gibt es keine fotografische Überlieferung. Hüpf- und Hinkespiele mit komplizierten Regeln, Ballspiele, für die Felder oder Kreise in den Sand gemalt werden mußten, Abzählrituale, Reigenspiele mit Gesang und Reimen und origineller Choreographie – das alles ist offensichtlich kein Foto wert gewesen und schon heute kaum noch zu rekonstruieren.

Das ständige Belichten von Film war bis zum Zweiten Weltkrieg nicht üblich. Das hat die heutige „Freizeitgesellschaft" mit sich gebracht. Noch in den 50er Jahren arbeiteten die Erwachsenen sechs Tage in der Woche von frühmorgens bis zum Abendessen. Es gab keine freien Nachmittage, keine abzubummelnden Überstunden und verlängerten Wochenenden. Zeit zum Fotografieren blieb nur am Sonntag.

An diesem Feiertag jedoch wurden die Kinder in feine Kleidung gesteckt und ermahnt, mit dem weißen Matrosenanzug und dem gestärkten Batistkleidchen um Gottes willen nicht im Sand zu spielen. Zum Sonntagsspaziergang nahm man die Kamera manchmal mit, aber wenn nur noch zwei Bilder drin waren und der Geburtstag der

Feingemacht für den Pfingstspa-
ziergang präsentieren sich Ende
der 20er Jahre zwei kleine Dith-
marscherinnen. Strahlendes
Weiß, Rüschen, Bogenvolants
und feine Blümchenstickerei, ge-
krönt von kunstvoll drapierten
Haarschleifen, setzen voraus,
daß manierlich gegessen und
nicht im Sand gespielt wird

Da ist wohl etwas schiefgegangen: Sicher sollten die beiden zeigen, wie sehr sie sich über ihre neuen Kinderzimmermöbel freuen (etwa 1940)

Ältesten bevorstand, mußte eines für diesen wichtigen Anlaß aufgespart werden. Ist diese Art von Sparsamkeit in der Konsumgesellschaft von heute noch vorstellbar?

Seit ihrer Erfindung hat die Fotografie auch Kindermode aufgezeichnet. Anfangs nur die Fest- und Sonntagskleider, mit fort-schreitender Entwicklung dann Spielanzüge, Sport- und Alltags-kleidung. Es gab Zeiten, in denen zum Beispiel jeder zweite Junge am Sonntag in einem Matrosenanzug steckte und fast jedes Mädchen eine überdimensionale weiße Taftschleife über dem Scheitel trug. Die Epoche der langen braunen Wollstrümpfe, die mit Knopflochgummi am Leibchen festgemacht wurden und sich um das Knie herum immer zu häßlichen Ringeln ausbeulten, ist noch heute den Senioren unter uns sattsam in Erinnerung.

Daß die emanzipatorische Mode der wilden 20er Jahre mit glatt an-liegendem Pagenschnitt und tief angesetztem Charlestonrock auf das Erscheinungsbild der kleinen Mädchen abfärbte, daß etwas später zeitgleich mit der „Rückbesinnung" auf das „Völkische" und vor allem während der Zeit des Germanenkults im Dritten Reich den Mädchen lange Zöpfe wuchsen – all das läßt sich von den Kin-derfotos in Familienalben ablesen.

Doch auch ohne ihre Accessoires sind die lieben Kleinen auf den alten Fotos eine Augenweide: schüchtern oder frech, folgsam oder trotzig, nonchalant oder kokett posieren sie für die Nachwelt. Manchmal hätten sie wohl lieber gespielt, als für die Kamera der Er-wachsenen die neuen Kindermöbel auszuprobieren, wie die beiden kleinen Schwestern in den 40er Jahren grimmig demonstrieren. Auch Kinder können ihre Eltern „strafen": Bitterböse Gesichter ver-kehren ein hübsch arrangiertes Dankeschön-Foto mühelos ins Gegenteil.

Zum Weihnachtsfest 1994 sind in Deutschland etwa 1,2 Millionen Videokassetten gekauft worden, die vorwiegend für Kinder- und Familienbilder bestimmt waren. Dieser Massenumsatz an Film-material erhebt die vor 50 bis 100 Jahren so liebevoll ins Album geklebten Einzelfotos schon in den Rang des Besonderen. Sie wa-ren noch jedes für sich ein Meilenstein und Dokument über die Ent-wicklung einer kleinen, hoffnungsvollen Persönlichkeit. Als der Auslöser klickte, lag ihre Zukunft noch im Ungewissen. Heute kön-nen wir auf diese Zukunft zurückblicken – und das nicht immer mit dem Gefühl ungetrübter Heiterkeit.

Dies Bildnis ist bezaubernd schön

Manchmal kommt alles zusammen: die richtige Stunde, der richtige Fotograf, ein unbefangenes Kind, das gerade gute Laune, Spaß am Verkleiden und an der Selbstdarstellung hat – dann entstehen Fotos, von denen die Eltern ihr Leben lang schwärmen werden: Ja, so süß hat sie mal ausgesehen! Oder: Guck mal, sieht man ihm nicht schon an, daß aus ihm mal etwas werden wird?

Für Kinderbilder, die so eine Ausstrahlung haben, braucht der Fotograf mehr als technisches Geschick. Er muß das kleine Menschenwesen vor seiner Kamera intuitiv verstehen, muß sein Vertrauen gewinnen, damit es etwas von seinem Inneren offenbart: seine Hoffnung auf Liebe und Zärtlichkeit, seine Schüchternheit, sein Mißtrauen, vielleicht auch seine Überzeugung, „der Größte" zu sein oder seine Gelassenheit und Zuversicht, daß es das Ding schon drehen wird.

Zwei Botticelli-Engelchen von 1893. Man glaubt ihnen auf den ersten Blick, daß sie kein Wässerchen trüben können.

Auf so viel Gelas-
senheit kann man
bauen: selbstsicher
in sich ruhend
nimmt etwa um
1910 ein Schüler
des Meldorfer
Gymnasiums die
Kamera (und
nicht die Kamera
ihn!) aufs Korn

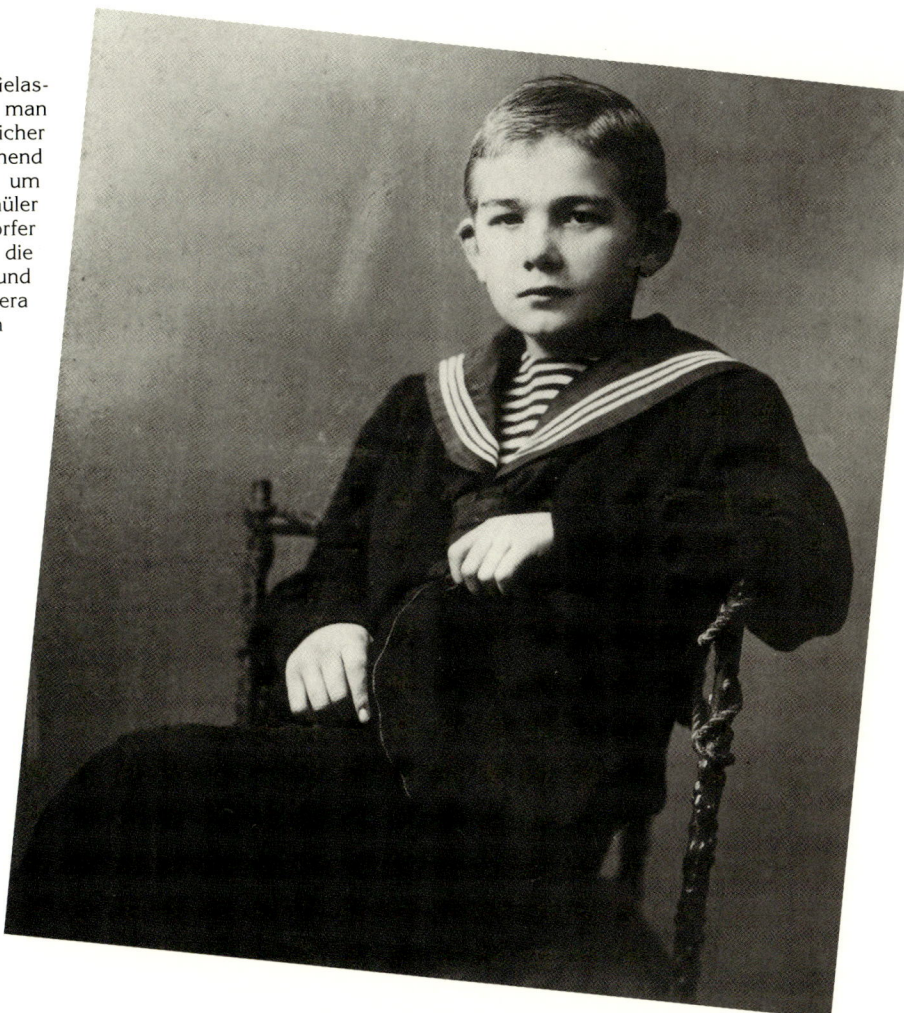

So hat im Jahre 1893 ein Meisterfotograf im Atelier in den runden
Kindergesichtern über dem Spitzenkragen den verträumten Blick
von Botticelli-Engeln hervorgelockt und festgehalten. Noch hundert Jahre später rührt dieses Foto unser Herz.

Einen anderen mag die selbstsichere Gelassenheit eines Meldorfer
Gymnasiasten im Matrosenanzug dazu bewogen haben, ihn einfach
auf einen Stuhl zu setzen und ihn ohne ablenkenden Schnick-
schnack in das Objektiv blicken zu lassen. Da sitzt er, ohne mit der
Wimper zu zucken, jeder Zoll das Versprechen, sich zu dem sprich-
wörtlichen Felsen in der Brandung zu entwickeln, auf den eine Familie auch in chaotischen Zeiten bauen kann.

Wahrscheinlich aus der Requisitenkammer des Fotografenmeisters stammt die Ausstattung des jungen Offiziers mit Pickelhelm. Preußens Glanz und Gloria manifestierte sich am deutlichsten in den prachtvollen Paradeuniformen des Militärs. Und welcher patriotisch erzogene Junge hätte daran nicht gerne teilgehabt! Was macht es schon, daß die fotografierten Uniformstücke offensichtlich über einem ganz profanen Matrosenanzug sitzen und nicht zusammenpassen: der Helm gehört zur Infanterie, die glitzernden Epauletten wahrscheinlich zur Paradeuniform der Offiziere der berittenen Jäger, und die golddurchwirkte Offiziersschärpe sitzt falsch – sie müßte über die linke Schulter drapiert werden. Dafür hat der Korb des Degens, der bis 1919 von den Offizieren geführt wurde, Jugendstil-Design und paßt stilistisch zu den gemalten Ornamenten rund um den vorgetäuschten Kamin an der Wand im Hintergrund.

Schlank und schön und so gar nicht martialisch träumt sich der in der Dithmarscher Marsch heranwachsende Junge in eine ruhmvolle Zukunft. Sieht er nicht aus wie Rilkes Cornet in der „Weise von Liebe und Tod"? Wie viele Mädchenherzen wird er brechen, bevor er in das Stahlgewitter des ersten Weltkrieges ziehen muß? Die wahrscheinlich von dem Jungen oder seinen Eltern gewünschten militärischen Dekorationsstücke haben den Meister hinter der Kamera nicht getäuscht. Er forderte dem sensiblen, vielleicht sogar ein wenig schwermütigen Marschenkind keine kriegerische Pose ab. Das war weise Voraussicht, denn der junge „Cornet" ist Pastor geworden.

Pastor ist er geworden, aber als er ein Junge war, träumte dieser Sohn der Marsch wohl eher von einer glänzenden Offizierskarriere (vor dem Ersten Weltkrieg)

Mit weichzeichnenden Linsen schufen professionelle Porträtfotografen die sogenannte „künstlerische Unschärfe", die auf dem Papierabzug den sanften Schmelz zarter Kinderhaut suggeriert. Ein Verfahren, auf das der Amateur nicht unbedingt zurückgreifen mußte, denn in vielen Fällen sorgte schon die miserable Scharfzeichnung der einfachen Objektive in den frühesten Amateurkameras für denselben Effekt.

Sie traut sich nicht so recht, dem
Fotografen ihr neues Spitzenhäubchen
vorzuführen. Den Plüschhund, ihren
besten Freund, hat sie als Beistand bei
sich (1916)

Sieht sie nicht aus wie eine Puppe?
Madonnenscheitel, offene Haare, zwei
riesige weiße Schleifenpropeller und
ein weltfremder Blick erwecken den
Eindruck, als käme sie von einem
anderen Stern (nach 1900)

Rhythmus und Musi-
kalität bis in die Fin-
gerspitzen: Ende der
20er Jahre gelang einem
Vater dieser schöne Schnappschuß von seinem trommelnden
Söhnchen.

Stock und Hut stehn ihm gut –
Hänschen klein will in die weite
Welt, obwohl es da offenbar noch
ein paar Risiken abzuwägen gilt
(1915)

Auch fotografierende Väter (Mütter griffen in den ersten Stunden
der Amateurfotografie nur selten zur Kamera) hatten ein gutes
Auge für die typische Geste, die charakteristische Haltung ihrer
Sprößlinge. Der kleine Trommler, mit tänzerischer Grazie in sein
Spiel vertieft, der Gernegroß mit Hut und Stock, der sich seiner Sa-

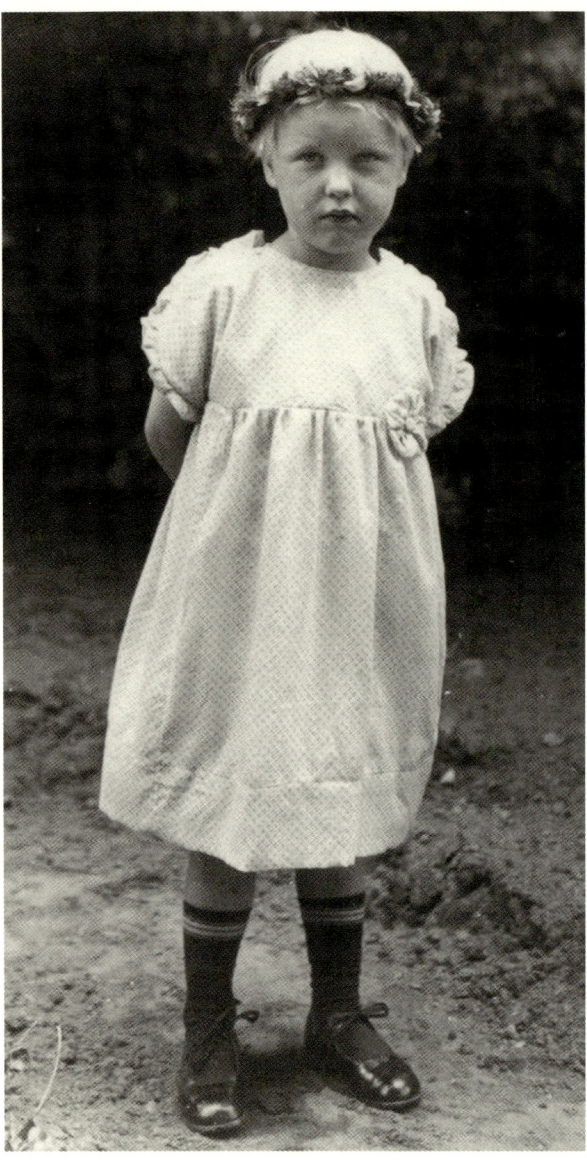

Am liebsten möchte man sich bei ihr dafür
entschuldigen, daß man sie vor die Kamera
gebeten hat. Publicity scheint nicht ihr Fall zu
sein, obwohl sie so entzückend aussieht, daß sie
sie nicht zu fürchten brauchte (oben, etwa 1925) –
Er dagegen (rechts) weiß von vornherein, daß er
alle Konkurrenten auf der Schulbank in die Tasche
stecken wird (1915)

Ein Weihnachtsfoto der besonderen Art: Sieben Jahre alt ist das schöne Kind aus der Marsch. Mit Scheitelrolle und blonder Lockenfrisur à la Rita Hayworth liegt es 1946 voll im Modetrend der Nachkriegsjahre

che gar nicht so sicher ist, die scheue kleine Fee im Blumenkranz, die sich lieber im Pfingstrosenbeet verstecken würde, als vor der Kamera zu posieren, der souveräne Abc-Schütze, der jetzt schon weiß, daß er besser sein wird als die andern und die ganz von sich selbst überzeugte kleine Diva mit Scheitelrolle und dem fotogenen Appeal des berühmten Kinderstars Shirley Temple – sie alle sind Meisterstücke von Fotoamateuren, die im genau richtigen Moment auf den Auslöser drückten und ein Stück der Seele ihres Kindes sichtbar machten.

Ausfahrt in die weite Welt mit Blumenhut und einer eleganten Sportkarre der ersten Stunde. Hohe gebogene Holzgriffe und die großen Hinterräder machen das „Korbmöbel" ausgesprochen wendig (um 1900)

Ein nobler Bollerwagen im Stil einer Kutsche mit Deichsel, Zügel und Glöckchen verleitet sogar die große Schwester, sich noch einmal hinter das Brüderchen zu setzen und von Mutter ziehen zu lassen (1927)

Die ersten vier Räder

Es ist durchaus möglich, daß sie später den legendären Opel P4 oder vielleicht sogar einen Porsche aus den 50er Jahren gefahren haben, angefangen sind sie jedoch alle ganz klein – im Kinderwagen. Je nach Jahrgang der fröhlich oder verärgert vor sich hinkrähenden Insassen wechselte das Design des fahrbaren Untersatzes. Die ältesten Modelle hatten ein ausgesprochen dekoratives Styling. Soweit sie heute noch erhalten sind, werden sie als Antiquität teuer gehandelt und dienen als dekorative Ausstattungstücke in Wohnungen mit nostalgischem Flair. Für solche Zwecke werden sie heute sogar wieder nachgebaut.

Fotos von echten Oldtimern sind genau so selten wie die Originale selbst. Auf einer alten Postkarte von den Anlagen am Heider Wasserturm (sie ist für einen Abdruck zu schlecht erhalten) werden sie von Damen mit weiten, bodenlangen Röcken und überdimensio-

Benzin ausgegangen?
Kein Problem – Reimer macht das schon! (1935)

nalen Blumenhüten geschoben. Sie sind aus Rohr geflochten, mit buntem Stoff gefüttert und haben ein über Weidenbügel gespanntes aufstellbares Stoffverdeck. Riesige Speichenräder bringen die Konstruktion ins Rollen.

Im Prinzip hat sich diese Form des Kinderwagens noch bis in die

Konsequent durchgestylt
ist dieses „hochbeinige" Kinderwagenmodell
aus den frühen 20er Jahren

Zeit nach dem Ersten Weltkrieg erhalten. Die Räder wurden ein wenig kleiner, die Federung wurde verbessert, zum Korbgeflecht trat
zum Beispiel als neues Material, das wasserdicht war, das Wachstuch hinzu. Doch immer noch thronten die lieben Kleinen hoch über
dem staubigen Gehweg und genossen die Aussicht auf den nur
ganz sporadisch stattfindenden Straßenverkehr.

Irgendwie scheint sich die Mode des Kinderwagens an die Verän-
derungen im Styling des Automobils angelehnt zu haben. Könnte
die uralte „Sportkarre", in der ein Prinzeßchen mit weißem Rüschenhut sitzt, vom Stil her noch zu Daimlers berühmtem ersten
Automobil von 1886 passen, so läßt sich von dem wie ein Rennauto
niedrig über dem Straßenpflaster liegenden Korbwagen der späten
30er Jahre aus feinem hellen Geflecht mühelos eine Querverbin-
dung zum zeitgleichen BMW-Sportwagen 328 ziehen.

Für den damaligen Geschmack hatte der Kinderwagen damit
schon fast Stromlinienform angenommen. Doch so bequem wie
der alte hohe war er nicht mehr. Die kleinen Räder bewältigten gra-
sige und holperige Stellen schlechter als die früheren großen, und
wenn Mama ihren Liebling aus dem Wagen heben wollte, mußte sie
sich jetzt tiefer bücken als früher. Schließlich haben „Sportversio-
nen" nicht nur bei Kraftfahrzeugen, sondern auch bei Kinderwagen
von den Benutzern meist einen gewissen Verzicht auf Bequemlich-
keit verlangt.

Ein Foto, das Fans alter
Kinderwagen zum Schwär-
men bringt. Hier stimmt
alles, natürlich auch die
weiße Wagendecke in rei-
cher Lochstickerei (1915)

Bei der Innenausstattung der Kinderwagen entwickelte sich unter
den Müttern ein edler Wettbewerb. Babys Kopfkissen und Wagendecke legten Zeugnis ab für geniale Stick-, Strick- und Häkel-
talente. Weiße Wäsche brachte kunstvolle Lochstickerei und Bänd-

Ein Vertreter der neuen Kinderwagengeneration
nach dem letzten Krieg mit kleinen Scheibenrädern, tiefliegender
„Karosserie" und Kunststoffüberzug. Sparsames 50er Jahre-Dekor und ein
„Himmel" aus Wolkenstores im Verdeck (um 1950)

chenspitze zu perfekter Wirkung. Rosafarbener oder hellblauer Batist zeigten schon von weitem an, ob ein Mädchen oder Junge spazierengefahren wurde. Das halb hochgeklappte Verdeck umrahmte Babys Köpfchen mit Wolken aus gerüschtem Voile oder Volants aus reich gekräuselter Spitze. Niemand wäre auf den Gedanken gekommen, bäuerlich Geblümtes oder Kariertes um den Strampelsack zu stopfen.

Die Puppenwagen der kleinen Mädchen haben sich dem Modetrend der Kinderwagen getreulich angeschlossen. Auch hier ging es mit stoffgefütterten Korbgeflechten, den sogenannten Stubenwagen, los. Für jede kleine Puppenmutter war es wie bei den Großen eine Prestigefrage, ob das Modell, das sie schob, den Vergleich mit den Wagen der Freundinnen aushielt. Traditionsgemäß brachte es der erste Weihnachtsfeiertag ans Licht, wer einen neuen Puppenwagen bekommen hatte. Am Heiligabend stand er als heiß ersehntes Geschenk unterm Tannenbaum, am nächsten Vormittag schon wurde er auf der Straße vorgezeigt. Selbst Glatteis konnte das nicht verhindern.

Zwei Fotos von Puppenmüttern aus derselben Zeit (1934): Oben links ist die eine glücklich mit ihrem Korbwagen auf hohen Rädern, der schon von 1925 stammt, oben rechts präsentiert die andere modernes Design, dessen Formensprache man etwa beim zeitgleichen Opel P4 wiederfinden könnte. Links das Foto einer reichen Weihnachtsbescherung für Kinder im Jahr 1928 mit Puppenstuben, Ritterburg und im Vordergrund links einem eleganten Puppenwagen

Wer soweit war, daß er einen Puppenwagen schieben konnte, verlangte bald nach mehr. Die ersten Versuche als Selbstfahrer fanden früher wie heute auf dem Dreirad statt. Im Prinzip hat sich dieses Vehikel bis heute nicht sonderlich verändert. Fast vergessen ist jedoch, daß der erste Vorläufer des Kinderfahrrads der Roller war. Ganz und gar aus Holz, mit hölzernen Scheibenrädern und einem primitiven Zapfengelenk für die Lenkung erforderten die ältesten Modelle beträchtliche Geschicklichkeit und körperliche Koordination. Bergab auf der Teerchaussee kam man ganz gut in Fahrt, und bremsen konnte man nur, indem man mit viel Gefühl einen Schuhabsatz auf das mit dünnem Hartgummi bereifte Hinterrad setzte. Bei Höchstgeschwindigkeit überstanden nur die Besten dieses Manöver ohne Sturz.

Primitive Roller aus Holz, links aus dem Jahr 1935, rechts ein besseres Modell von 1927, waren früher die Vorschule zum Radfahren. Ein einfaches Zapfengelenk hielt die zwei Teile des Vehikels zusammen. Auch wenn die kleinen hölzernen Scheibenräder weder hohe Geschwindigkeit noch artistische Kunststücke erlaubten, war das Rollern nicht so einfach. Die Straßenlage des Gefährts war miserabel

Da träumt einer schon den Traum vom „heißen Ofen". 1953 war das weit vorausgegriffen. Was damals auf zwei oder vier Rädern auf den Straßen unterwegs war, gehörte meistens zu den Restbeständen der Wehrmachtsfahrzeuge, die jetzt beruflich genutzt wurden. Wenn ein Besitzer solcher Kostbarkeit auftauchte, konnte er sicher sein, daß die Jungen aufsitzen wollten, wenn er sein Krad parkte. – Radfahren lernen (ganz rechts) und ein Fahrrad besitzen konnte man dagegen schon vor dem Krieg. Kinderfahrräder waren damals allerdings noch seltene Luxusartikel. Man mußte schon warten, bis man groß genug war, ein gebraucht gekauftes Erwachsenenrad zu steuern, bevor es – meist als Geburtstagsgeschenk – endlich vor der Haustür stand. In Heide fotografierte 1935 ein stolzer Vater Mutter und Tochter in Festtagskleidern beim ersten Fahrversuch auf der Landstraße

Auf alten Gruppenfotos in Familienalben sieht man deutlich, daß der Vater als verantwortliche Autorität eine Sonderstellung einnimmt. Links in der Heider Friedrichstraße demonstriert vor 1900 ein Familienoberhaupt in gebührendem Abstand von seinen Lieben Souveränität und Stärke. Auch der Vater auf dem rechten Foto hat seine Kinder liebevoll, doch fest im Griff. Und selbst in der gemütlichen Tischrunde unten, die 1931 bei Weihnachtsarbeiten ist, will unter Vaters prüfendem Blick nicht die rechte Freude aufkommen

Vaterstolz und Mutterliebe

Wenn man die Gruppenfotos in den Familienalben von heute mit denen von vor hundert oder 50 Jahren vergleicht, fällt als erstes auf, wie sehr sich die Väter in diesem Zeitraum verändert haben. Kinder von heute würden sich wahrscheinlich totlachen, wenn ihr Pappi vor der Kamera diese bierernste Siegerpose einnehmen würde, wie sie früher üblich war.

Als Vaters Rolle noch das „Familienoberhaupt" war, pflegte er zumindest nach außen hin das Image einer unumstrittenen Autorität. Er war es, der das Geld nach Hause brachte, also hatte er in der Re-

gel auch das letzte Wort in Familienangelegenheiten. Streng, aber gerecht – so lautete damals das gebräuchliche Klischee – sah er darauf, daß jeder bekam, was ihm zustand und keiner seine Pflichten vernachlässigte.

Natürlich hat er die Seinen auch geliebt, nur war es nicht üblich, das so offen zu zeigen wie heute. Dem starken Mann, der die Verantwortung für alle trug, wäre es wahrscheinlich peinlich gewesen, wenn die Kamera ihn beim Sandburgenbauen oder Flitzbogenschnitzen mit seinen Kindern überrascht hätte. Statt dessen präsentierte er lieber sein „fressendes Kapital" (zitiert nach einem Ausspruch des Großvaters der Autorin, der sieben Kinder zu ernähren hatte) schön ordentlich aufgebaut wie die Orgelpfeifen. Aufrecht, oft einen halben Schritt abseits, den Blick ernst und fest auf das Objektiv gerichtet, stand er daneben, als ob er nicht ganz dazugehöre. Seht her, das habe ich geschafft!

Doch es gab natürlich auch Ausnahme-Väter wie den, der im Frühjahr 1925 mit seinen beiden langbezopften Töchterchen vor der Haustür in der Sonne steht. Wie zwei schnurrende Kätzchen schmiegen sich die kleinen Mädchen an ihn, und er selbst sieht aus, als habe er das große Los gezogen. Das hatte er wohl auch in diesem Augenblick, denn als Seesteuermann auf großer Fahrt sah er seine Familie nur sehr selten. Und wenn er dann mal den häuslichen Herd ansteuern konnte, herrschte dort natürlich Festtagsstimmung und eitel Sonnenschein.

Mädchen brauchen ihren Vater – dieses Foto zeigt es deutlich, und er selbst ist glücklich, daß er diese beiden hat. All die strahlenden Augen, die genau in die Kamera sehen, bezeugen, daß auch die Mutter, die diese Aufnahme machte, in dieses Glück einbezogen ist.

Väter haben gelernt, ihre Liebe zu ihren Kindern zu zeigen. Für den Seesteuermann auf großer Fahrt (links),
der 1925 ausnahmsweise mal zu Hause ist, war das wohl
kein Problem. Und der Papa, der Mitte der 30er Jahre
von seinem Töchterchen umarmt wird, guckt wahrscheinlich nur ein bißchen unbehaglich, weil er dem
wackligen Sitz auf der Schaukel mißtraut

Madonnenbilder könnten die Vorlagen
für die ältesten Fotografien von Mutter
und Kind gewesen sein (vor 1900)

Viel deutlicher sichtbar wird Mutter-
liebe, wenn statt des Meisters im
Atelier ein stolzer Vater zur Kamera
greift. Hier wird der Sohn mit der
Flasche gefüttert (1914)

Was Väter in den letzten 50 Jahren allmählich gelernt haben, konnten Mütter von Anfang an: vor dem Auge der Kamera unbefangen
und liebevoll mit ihren Kindern umgehen. Liegt es vielleicht daran,
daß Frauen damit in einer über tausendjährigen Tradition stehen?
Viele mittelalterliche Darstellungen der Madonna mit dem Jesus-
knaben gehören zu den ergreifendsten Mutter-und-Kind-Bildern,
die je geschaffen wurden.

Die meisten der ältesten Fotos, auf denen Mama und ihr kleiner
Liebling abgelichtet sind, sehen tatsächlich so aus, als seien sie den
alten kirchlichen Vorbildern nachempfunden. Mutter und Kind sitzen in ihren besten Kleidern feierlich aufgebaut wie Statuen und
warten auf das Blitzlicht. Doch bald löst sich dieses starre Muster.
Lichtstärkere Objektive und schnellere Verschlußzeiten machen es
möglich, daß mehr Leben ins Motiv kommt. Da werden Gesten der
Zärtlichkeit eingefangen, das Lieblingsspielzeug gerät mit ins Bild,
und sichtbar wird Mutter als liebevolle Lehrmeisterin bei den Versuchen ihres Kindes, die ersten Schwierigkeiten des Lebens zu be-
wältigen.

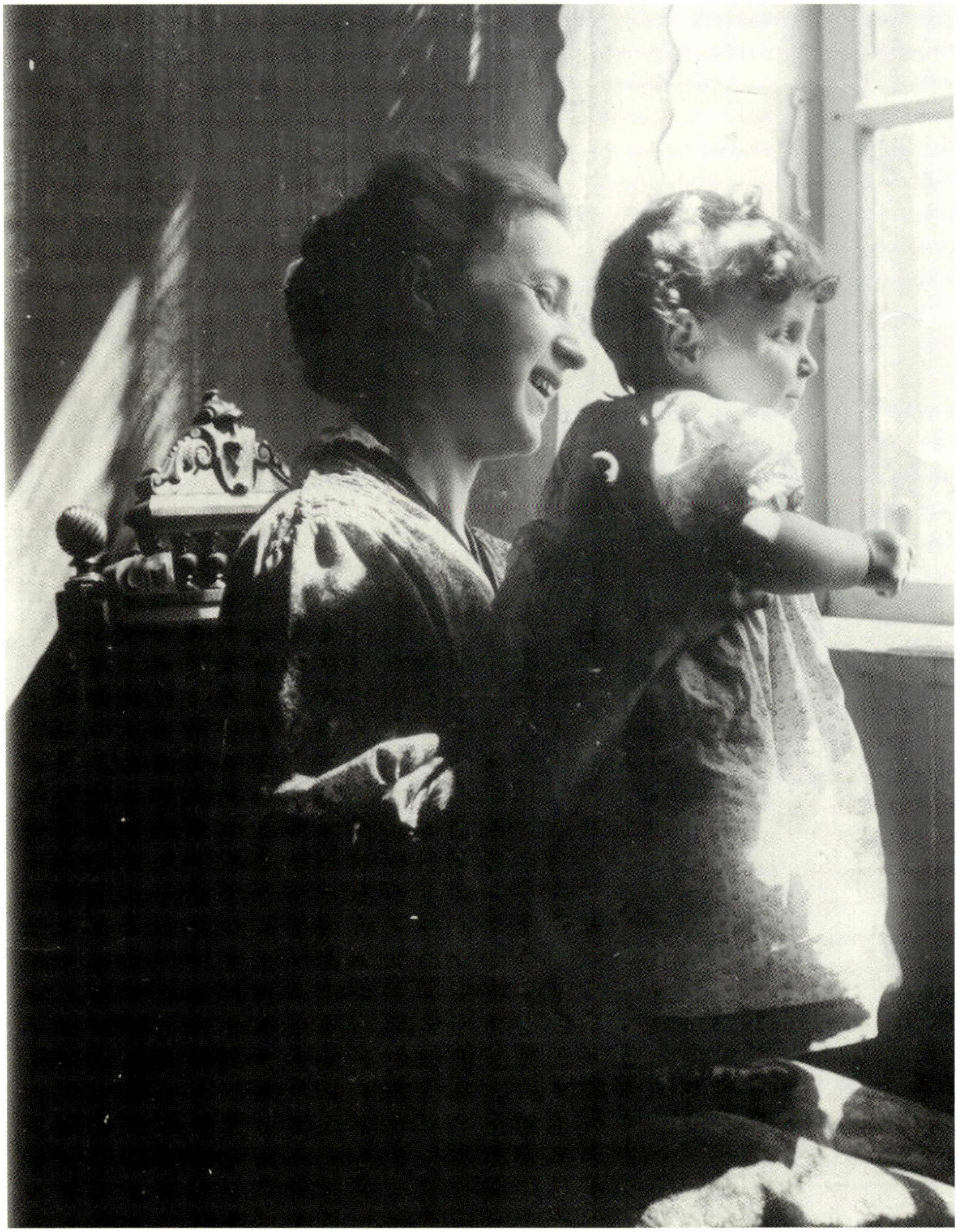

Zwei, die sich gut verstehen, im Sonnenschein am Fenster (1917)

Daß Kinder das später oft als Einmischung empfinden, wird auf
dem Foto mit der gußeisernen Wasserpumpe deutlich: Fritz wollte
eigentlich lieber Faxen machen (sagte Mutter), anstatt brav stillzu-
stehen. Der Machtkampf endete zu Mutters Gunsten, doch hat er
allen „die Petersilie verhagelt". Das läßt sich unschwer von den Gesichtern ablesen.

Eigentlich wollte Mama
(oben) ja den Teppich
klopfen, jetzt ist sie fröhliche Spielgefährtin (1939).
Oder liebevolle Lehrmei-
sterin bei den ersten Rätseln des Lebens (1950)

An Großmutters
Hand sicher über
den Heider Markt-
platz – ein Band
von Zuneigung
und Vertrauen
hält beide zusam-
men (1929)

Ungetrübte Freude dagegen vermittelt der Schnappschuß vom Ra-
sen im Garten, auf dem die Mutter ihren Teppich ausgelegt hat.
Eigentlich wollte sie ihn klopfen, doch ihr Töchterchen im Krabbel-
alter hat sich des Terrains bemächtigt, den Klopfer beschlagnahmt
und Mama dazu verführt, die Hausarbeit für ein Viertelstündchen zu
vergessen. Ideales Wetter für den großen Frühjahrshausputz ist
nämlich auch ideales Wetter, um draußen an der frischen Luft auszuprobieren, was man mit den bunten, ineinander zu verschach-
telnden Bauklötzen alles machen kann.

Auch Großmütter haben ihren Anteil an der Kindererziehung. Gerade weil sie nicht mehr so starken Einfluß ausüben, entwickelt sich
zwischen ihnen und den Enkeln oft ein besonderes Vertrauensver-
hältnis. Oma mit Topfhut und Stock nimmt ihr kleines Mädchen liebevoll an die Hand. Ihre vom Ischias diktierten vorsichtigen Schritte
stimmen mit dem Trippelrhythmus der kurzen Beinchen ihrer En-
kelin auf rührende Weise überein.

Vor dem großen Wagenrad: das furchtsame Mäuschen und sein Kavalier (Heide, kurz nach 1900)

Brüderchen und Schwesterchen

Die Fotos von Geschwisterpaaren im Kindesalter haben fast immer eine besondere Ausstrahlung. Bei genauerem Hinsehen entdeckt man zwischen den beiden Kindern kleine Zeichen des wortlosen Verständnisses, der bedingungslosen Zusammengehörigkeit, wie man sie bei zwei Brüdern oder Schwestern unterschiedlichen Alters so nicht findet.

Kinder gleichen Geschlechts sind oft Konkurrenten oder Rivalen. Dagegen ist ein Geschwisterpaar trotz aller Streitigkeiten immer wieder von der Tatsache fasziniert, daß der Gefährte so ganz anders als man selbst ist. Früh übt sich zwischen Bruder und Schwester ein, wo die Grenzen des Verständnisses liegen und mit welchen Mitteln sie manchmal doch überschritten werden können. Jeder kennt vom anderen die Startbedingungen, die frühesten Siege und Niederlagen. Jeder vermittelt dem anderen eine erste Ahnung von der Polarität der Geschlechter.

Dieses besondere Band zwischen Brüderchen und Schwesterchen wird auf den Kinderfotos sichtbar. Da stehen sie vor dem großen Wagenrad: er lang aufgeschossen und ernsthaft in die Kamera blickend, sie ein süßes, furchtsames „Mäuschen", das sich vertrauensvoll zu ihm geflüchtet hat, als der Fotograf kurz nach 1900 das Gruppenbild der Wagenbauer-Familie arrangierte. Ohne Zweifel ist der große Bruder ihr Kavalier und Beschützer. Eine Konstellation, die für das ganze Leben Bestand haben kann!

Sie sagt, wo's langgeht, und er läßt sich gerne fahren (1925)

Umgekehrt verhält es sich, wenn die Schwester älter als das Brüderchen ist. Stolz auf die ihr übertragene Verantwortung und die eigene Kompetenz zieht sie Mitte der 20er Jahre in Heide den kleinen Bruder im Bollerwagen. Und der wiederum genießt in vollen Zügen und mit spitzbübischem Lächeln den unbestreitbaren Vorzug, der „Kleine" zu sein.

Im Schutz der großen Schwester – noch hat er nichts dagegen, daß sie ihn bemuttert (Atelierfoto 1925)

Das erste Bett der Neugeborenen war früher fast immer ein „Babykorb" mit einem Himmel aus duftigem Voile. Schwesterchen wurde früh daran gewöhnt, auf den Kleinen aufzupassen (1927)

Auch im Fotoatelier wird um etwa die gleiche Zeit dieselbe Rollenverteilung festgehalten. Die große Schwester im weißen Matrosenkleid hat den Arm mütterlich um den kleinen Bruder gelegt, während er in den auf ihrem Schoß liegenden Bilderbüchern (in diesem Fall waren es allerdings Fotofachzeitschriften!) blättern darf.

Ältere Schwestern identifizieren sich oft mit der Mutterrolle und sehen in dem jüngeren Bruder eine Betreuungsaufgabe. Ihr fürsorglicher Umgang mit dem Kleinen gibt den Fotos eine rührende Qualität. Der „Kleine" jedoch fühlt sich mit fortschreitendem Alter von ihr drangsaliert und zwischen mütterlicher und schwesterlicher Autorität erdrückt. So kann sich die kleinkindliche Beziehung im Lauf der Zeit mit Zündstoff füllen. Aber das gehört dazu, wenn Brüderchen und Schwesterchen schließlich erwachsen werden. Spätere Fotos von ihnen haben dann nicht mehr diesen besonderen Zauber, den ihnen ihre frühe Symbiose verlieh.

Doch meist entwickelt sich zwischen Brüderchen und Schwesterchen eine starke Allianz, wenn sie miteinander aufwachsen und sich sonst keine Geschwister in ihr Verhältnis einmischen. Diese Verbindung hält ein Leben lang. Auch in Grimms Märchen „Brüderchen und Schwesterchen" bleibt das Geschwisterpaar zusammen, obwohl Schwesterchen einen König heiratet und Brüderchen aus der Verwünschung in ein Reh erlöst wird und sein eigenes Leben führen könnte. Diese Geschichte ist psychoanalytisch gedeutet worden als eine Darstellung der „zwei Seelen in der Brust" eines jungen Menschen (eine sehr vereinfachte Formulierung für einen komplizierten Sachverhalt!), jedoch auch ohne diesen Aspekt zeigt das Märchen ein Beispiel für die enge Bindung zwischen Geschwisterpaaren.

![Foto zweier kleiner Kinder auf Töpfchen]

Hier werden Beschlüsse in geheimer Sitzung gefaßt. Kameraleute sind eigentlich unerwünscht (etwa 1925)

Sie gehen übrigens allein in die weite Welt, Brüderchen und Schwesterchen im Märchen, ganz ohne die Fürsorge ihrer Mutter. Und manch einem Geschwisterpärchen auf den alten Fotos würde man dieselbe Risikobereitschaft zutrauen. Zum Beispiel dem kleinen Mädchen mit der weißen Haarschleife, das wahrscheinlich kurz nach dem letzten Krieg in einem Dithmarscher Dorf fotografiert wurde. Es hält sein Brüderchen liebevoll an der Hand und wäre offensichtlich bereit, den letzten Bissen mit ihm zu teilen.

Zwei, die zusammen durch dick und dünn gehen – fotografiert in den armseligsten Jahren nach dem Krieg, als Kinder ohne neue Kleider, ohne Spielzeug und Pommes auskommen mußten

Die alte Geschichte von Adam und Eva ereignet sich immer wieder: Sie schaut beflissen woanders hin, während er beherzt in den Apfel beißt (Ende der 20er Jahre)

1913 am Straßenrand in Heide: zwei kampfeslustige Musketiere, die nur darauf warten, daß der Fotograf sich näher herantraut (links)

Wie aus Grimms Märchenbuch: Brüderchen und Schwesterchen gehen allein in die weite Welt (Foto rechts, 1911)

Sehr alleingelassen sehen auch die beiden Kleinen aus, die sich 1913 schwer bewaffnet auf einer Mauerkante in Heide niedergelassen haben. Auf ihrem Abenteuerausflug sind sie fest entschlossen, sich nicht die Butter vom Brot nehmen zu lassen – zwei unzertrennliche Kampfgefährten, die jedem, der zu nahe kommt, mit Mißtrauen begegnen.

Zart und zerbrechlich wirkt dagegen das Pärchen vor dem Jugendstilzaun. Der ganze melancholische Zauber des Grimmschen Märchens spricht aus diesen Kindern. Sie eine kleine Prinzessin im Art-deco-Kleidchen, er ihr Ritter ohne Fehl und Tadel, beide auf der Insel ihrer Träume, die kein anderer betreten kann.

Mit der Schaufel in der Hand ist sie einsatzbereit für die nächste Sandkiste – aber wer will schon mit ihr spielen? Arme Schmuddelkinder hatten um 1900 keine Chancen in der bürgerlichen Gesellschaft

Einzelgänger

Da steht sie und hält Ausschau: Will denn keiner mit ihr spielen? Ihre weiße Schürze ist schmuddelig, ihre Stiefelchen sind grau von Staub und Lehm. Eine Hand beschirmt die Augen vor dem grellen Sonnenlicht, die andere hält eine Spielzeugschaufel. Sie ist einsatzbereit für die nächste Sandkiste – doch wird man sie dort haben wollen?

Die unbekannte kleine Heiderin aus offensichtlich ärmsten Verhältnissen wird mit den strengen Gesetzen der Klassengesellschaft vom Anfang des 20. Jahrhunderts konfrontiert. Die Berührungsängste

Barfuß, mit hochgebunde-
nem Haarschwänzchen und
schmutziger Schürze wartet
auch diese kleine Außensei-
terin auf Spielgefährten
(Beide Aufnahmen sind
Studienfotos des Heider Ma-
lers Bachmann um 1900)

unterschiedlicher sozialer Schichten sind damals auf dem Lande
kaum ein Thema für Fotografen gewesen. Selbst wenn sie wie Thomas Backens aus Marne um 1900 in die Dörter radelten, um das
„einfache Leben" zu fotografieren, wurde zwar die (oft als malerisch
oder sogar romantisch empfundene) Armut sichtbar, nicht jedoch
die gesellschaftliche Problematik, die dahinter stand.

Doch die rührenden Bilder von der Kleinen mit der Schaufel und
der niedlichen, schmutzstarrenden „Barfüßerin" mit dem zur
„Max-und-Moritz-Locke" gebundenen Haarschwänzchen zeigen
echtes Leben. Unbeabsichtigt machte der Maler Nicolaus Bachmann auf Studienfotos von Straßen seiner Heimatstadt deutlich,
wie früh Kinder zu Außenseitern gemacht werden können. Und daß
sie darüber nicht glücklich sind.

Einzelgänger gibt es jedoch auch in gutsituierten Familien. Entweder sind sie lange oder überhaupt ganz ohne Geschwister geblieben, oder sie haben als Erstgeborene Sonderrechte genossen, deren Aufhebung durch später hinzukommende Brüder oder Schwestern sie in eine Art von innerer Emigration getrieben haben. Fotos solcher Kinder lassen erkennen, daß viele von ihnen „Sensibelchen" sind, ein wenig scheu und mit der harschen Welt nicht so ganz im reinen. Ihr Spielzeug ist ihnen besonders wichtig: den Mädchen vor allem die Lieblingspuppe, das Malbuch oder Lesebuch, und natürlich die Schaukel im Garten, auf der man sich sachte wiegen und seinen Träumen nachhängen kann.

Das Schaukelfoto aus einem gutbürgerlichen Hausgarten, das etwa um dieselbe Zeit aufgenommen ist wie die Bilder von den armen Mädchen in Heide, zeigt allerdings kein blondgelocktes Prinzeßchen, sondern einen „Kronprinzen" in blendendweißer Schürze, die sich von den Schürzen der Straßenkinder drastisch abhebt. Persilreine Engelchen wie dieser spielten natürlich nicht mit Schmuddelkindern.

Es war übrigens um die Jahrhundertwende in „besseren Häusern" wieder Mode geworden, Jungen in ihren ersten Lebensjahren in Mädchenkleider zu stecken. Bekanntestes Beispiel dafür wurde wohl Rainer Maria Rilke, dessen Kindheitstage in Mädchenkleidern fünf Jahre währten. Er erwähnt es in einem schwermütigen Gedicht, als habe ihm das unpassende Kostüm seine erste Identitätskrise beschert.

Es war außerdem jahrzehntelang Sitte, daß kleine Mädchen nicht ohne weiße Schürze auf die Straße gingen, und selbst die Ärmsten versuchten, sich daran zu halten – so weiß es eben ging.

Was all den kleinen Einzelgängern, ob arm oder reich, gemeinsam ist, das ist ihr Ernst. Vor der Kamera agieren sie ein wenig zaghaft und zurückhaltend. Das Leben abseits vom Gewimmel der anderen ist wohl nicht so einfach – Mamas Aufforderung, für das Foto doch einmal zu lachen, hat keinen rechten Erfolg gehabt.

Auch in bürgerlichen Familien gibt es Kinder, die Einzelgänger sind. Dem blondgelockten Jungen auf der Schaukel und dem kleinen Mädchen mit der Puppe auf der
Mauerkante fehlt es an nichts - trotzdem scheint das Leben
für sie eine ziemlich ernste Angelegenheit zu sein (beide
Fotos 1914)

![Foto eines Jungen mit Laufenten am Futternapf]

Auf dem Lande sind manchmal Tiere ein heißgeliebter
Ersatz für fehlende Spielgefährten. Auf der Süderholmer Dorfstraße der 20er Jahre
bringt ein Junge zwei Ziegen nach Hause, die tagsüber im Gras am Wegrand „getüdert"
waren. Ein anderer führt eine Laufente liebevoll an den Futternapf (30er Jahre)

Die Jungen, die lieber alleine sind, beschäftigen sich mit anderen
Dingen als Mädchen. Sie basteln, lösen knifflige technische Probleme oder halten enge Freundschaft mit Haustieren. Hunde,
Pferde, sogar Laufenten, wie sie der kleine Holger auf einem Foto
aus den 30er Jahren fürsorglich ans Futternapf geleitet, sind heißgeliebte Spielgenossen.

Fest im Sattel und kein
bißchen bänglich – ein
kleiner Einzelgänger
Anfang der 30er Jahre

Und dann gibt es natürlich auch den einsamen, aber uner-
schrockenen kleinen Reitersmann auf dem Schaukelpferd, dem
man ansieht, daß er sich weder benachteiligt noch ausgestoßen
fühlt. Selbstsicher hält er die Zügel in der Hand. Schiller hat er noch
nicht gelesen, aber er spürt es ganz deutlich: Der Starke ist am
mächtigsten allein!

Spielgefährten

Fotos von Kindern beim Spiel mit Freunden und Freundinnen sind bis in die 30er Jahre dieses Jahrhunderts eine Seltenheit in den Familienalben. Daß Kinder ihre Freizeit so freizügig und unbekümmert miteinander verbringen wie heute, war um die Jahrhundertwende noch undenkbar. Außerdem mußten die Kameras erst so handlich und die Filme und Verschlußzeiten so schnell werden, daß Schnappschüsse von den agilen Nachkömmlingen möglich wurden. Und auch dann noch war es eher üblich, die quirligen Teilnehmer einer Geburtstagsfeier artig und ordentlich zum Gruppenfoto aufzubauen, als ihnen mit der Kamera bei ihren Aktivitäten zu folgen.

Was solche statuarischen Fotos nicht ausdrücken können, das ist der fröhliche Lärm, das Gerenne und Geschubse, das konspirative Geflüster und der lautstarke Protest, die Kinderspiele immer begleiten, wenn sie sich frei entfalten dürfen. Trotzdem sind die Gesichter der Nachbarskinder und Schulkameraden, die da in Reihe oder „en bloc" in die Kamera strahlen, noch nach 50 oder 60 Jahren der Beweis dafür, daß es herrliche Zeiten gab, in denen einen der Ernst des Lebens noch nicht eingeholt hatte.

Jedes Augenpaar auf dem Schwarzweiß-Abzug erzählt eine besondere Geschichte. Weißt du noch? Der Fred hat damals meinen neuen Ball in die Au gebolzt und ihn schwimmend wieder rausgeholt. Mit der Paula bin ich den stillgelegten Meiereischornstein hochgeklettert und habe oben die Beine über die Kante baumeln lassen. Heinzi wollte immer die erste Geige spielen, dabei war er ziemlich doof, und mit Marianne konnte man stundenlang am Waldrand sitzen und über die Geheimnisse des Lebens rätseln.

„Große Wäsche" haben sich drei Puppenmütter aus der Heider Westerstraße 1935 vorgenommen. Wie bei der Mutter gelernt, wird Wäsche sortiert, auf dem Waschbrett gerubbelt und zum Trocknen aufgehängt. Die Puppenkinder trinken derweil Kaffee (oben). – Die weiße Matrosenkleidung, mit der in den 20er Jahren in der Sandkiste gespielt wird (rechts), muß Mutter allerdings selber waschen.

Aus fast nichts wird viel gemacht: Blechdampfer und
Stöckchen als Spielzeug (links, 1939), eine alte Tüte aus
Packpapier als „Schatztruhe" (unten, 1926)

Das ist noch heute so: Viel Spielzeug wird nicht gebraucht, wenn
Kinder draußen spielen. Eimer und Schaufel für die Sandkiste reichen auch 1925 in Heide aus, wo ein weißes Kleid und ein weißer
Matrosenanzug das Vergnügen des „Sandtorte-Backens" kaum un-
beschadet überstehen dürften. Ein Blechdampfer zum Aufziehen
und ein paar Stöckchen machen Ende der 30er Jahre drei sieben-
jährige Jungen für einen ganzen Geburtstagsnachmittag glücklich.
Eine Tüte aus Packpapier dient drei kleinen Mädchen im Herbst
1926 als Transportbehälter für ihre Schätze.

Noch weniger, nämlich gar nichts, brauchten die Kinder, die auf der
Straße Hinkefuß, Verstecken oder Ringelreigen spielten. Dazu gab
es Abzählreime und Lieder, die noch in den 30er Jahren in allen
kleinen Orten auf den Straßen erklangen. „Dornröschen war ein
schönes Kind", „Mariechen saß auf einem Stein", „Ist die schwarze
Köchin da", „Der Plumpsack geht um" – die Melodien zu diesen
Texten waren kindlich einfach und wurden an warmen Sommer-
abenden vom schrillen Flugruf der Mauersegler untermalt.

„Dornröschen war ein schönes Kind ..." wird 1929 bei einem Kindergeburtstag in Nordhastedt im Reigen gesungen (links). – Ein zärtliches Vergnügen für kleine Mädchen ist der liebevolle Umgang mit den flauschigen Gänseкücken (rechts, 1922) – Land unter! jubelt in den 30er Jahren die ganze Straßenbande vom Grünen Weg in Heide, der bei jedem starken Wolkenbruch unter Wasser steht. Da, wo sonst Kriegen gespielt wird, kann man jetzt sein Schifflein schwimmen lassen (unten)

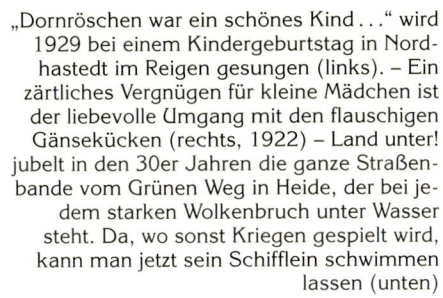

Old Shatterhand und seine Indianer stellen sich zum Gruppenfoto, bevor es auf den Kriegspfad gegen alle Schurken im Wilden Westen geht. Ob Kostüme oder Waffen – alles ist aus „Bordmitteln" selbst gemacht (1942)

Anspruchsvollere Spiele brauchten jedoch mehr Ausstattung, und die war besonders in den Jahren des letzten Krieges nur als „Marke Eigenbau" herzustellen. Das gemischte Quartett, das sich 1942 beim Indianerspielen fotografieren ließ, trug selbstgesammelten Federschmuck von Greifvögeln, selbstgenähte Nuggetbeutel, Wurfspieße aus Haselgerten, mit Schnitzereien verziert, und grob aus Brettern gesägte Gewehre, von denen das eine Old Shatterhands Henry-Stutzen und das andere, mit funkelnagelneuen Krampen beschlagene, die Silberbüchse des Apachenhäuptlings Winnetou war. Die fransenverzierten Beinkleider hatte eine verständnisvolle Mutter aus gewaschenen Kartoffelsäcken genäht.

Jedes Jahr feiern die Töchter des Hauswirts und des Untermieters gemeinsam Weihnachten. 1919 ahnen sie noch nicht, daß sie eines Tages auf gewaltsame Weise getrennt werden sollen: Eine von ihnen ist Jüdin und muß vor den Nazis fliehen

Eine ganz besondere Erinnerung verknüpft sich mit dem 1919 aufgenommenen Foto der beiden kleinen Freundinnen unterm Tannenbaum. Die eine war Tochter des Untermieters, die andere, Klärchen, Tochter des jüdischen Hauswirtes. Sie feierten immer gemeinsam ein christliches Weihnachtsfest. Als sie fast erwachsen waren, wurden die beiden Freundinnen durch die Judenverfolgung der Nationalsozialisten getrennt. Sie hatten Glück im Unglück: Klärchens Familie konnte entkommen.

Zum Bade-
tag wird die
Zinkwanne gefüllt –
„ein Abwaschen" für
zwei! (1926)

Deshalb sind Fotos von Spielgefährten mehr als eine schöne Erinnerung: Mit Freunden und Freundinnen begeben sich Kinder in das
erste, von der eigenen Familie weitgehend unabhängige Geflecht
sozialer Beziehungen. Sie erfahren „draußen in der Welt" Zuwen-
dung, Abwendung, Wettbewerb, Eifersucht und erste Enttäu-
schung, aber sie knüpfen auch erste Freundschaftsbande, die jahrzehntelang, wenn nicht lebenslang halten können.

Als diese beiden quietschvergnügt auf dem Schlitten saßen (1927), waren Schlittschuhstiefel oder Skier für Kinder noch exotische Luxusartikel. Auch für die später beim Rodeln unverzichtbare schlabberige Trainingshose aus Baumwollgewirk war es noch zu früh. Schnürstiefel, dicke Strickstrümpfe und eine Pudelmütze mit Pompon machten die Kleinen winterfest.

Die „Tiefe Anlage", heute schon vergessen, weil völlig überbaut, war einst Heides beliebteste Rodelbahn (Ende der 40er Jahre)

Ein Plüschhund
auf Rädern –
1930 für ein
kleines Mädchen
die Erfüllung
seines größten
Wunsches

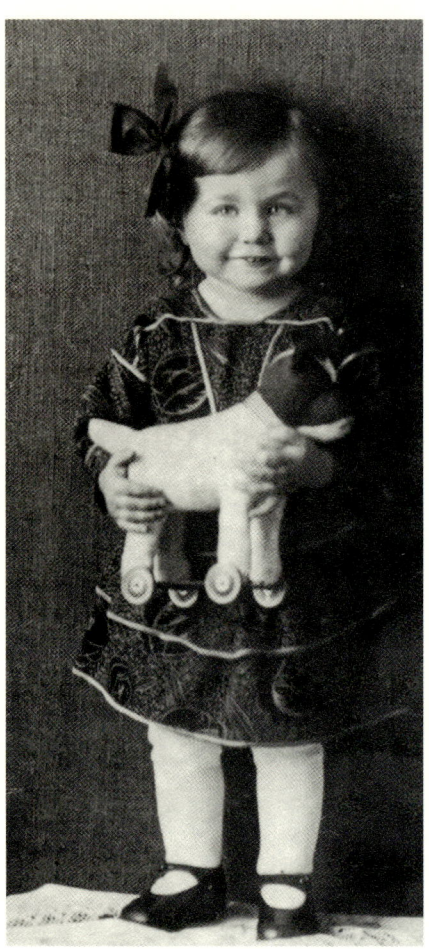

Das Lieblingsspielzeug

Kinderspielzeug hat seine Moden, doch die ältesten Objekte kindlicher Wünsche sind „immergrüne" Klassiker und heute so geliebt wie vor hundert oder zweihundert Jahren. Dazu gehören Puppen, Puppenstuben, Bauklötze, Bälle, Schaukelpferde, Trommeln, Bilderbücher, Kuscheltiere und Teddybären. Diese einfachen Dinge bilden immer noch den „harten Kern" der Spielzeugschwemme, die nach dem Zweiten Weltkrieg auf die Kinder losgelassen worden ist und sie zu wichtigen Konsumenten in einer Überflußgesellschaft gemacht hat.

Wie es vorher war, zeigen die Kinderfotos aus der ersten Hälfte des 20. Jahrhunderts. Glückselig umklammert das kleine Mädchen 1930 einen neuen Plüschhund auf Rädern, und das aufziehbare Blechauto, dessen Fahrer unentwegt die Hupe betätigt, ist wohl ein Geburtstagsgeschenk und dem Vater in Heide um 1925 ein „Star-Foto" wert.

Fotos von Arbeiterkindern mit Spielzeug solcher Qualität wird man vergebens suchen. Nur die bürgerliche Oberschicht – und das war vermutlich nicht mehr als ein Fünftel aller Familien – konnte sich um die Jahrhundertwende gutes Spielzeug leisten. Soziologen haben es ausgerechnet: Noch bis zum Zweiten Weltkrieg hatten Bürgerkinder nach Schule und Schularbeiten durchschnittlich ein Drittel ihrer Tageszeit zum Spielen frei, während Arbeiter- und Dorfkinder, wenn sie die Schularbeiten hinter sich hatten, ihren Eltern

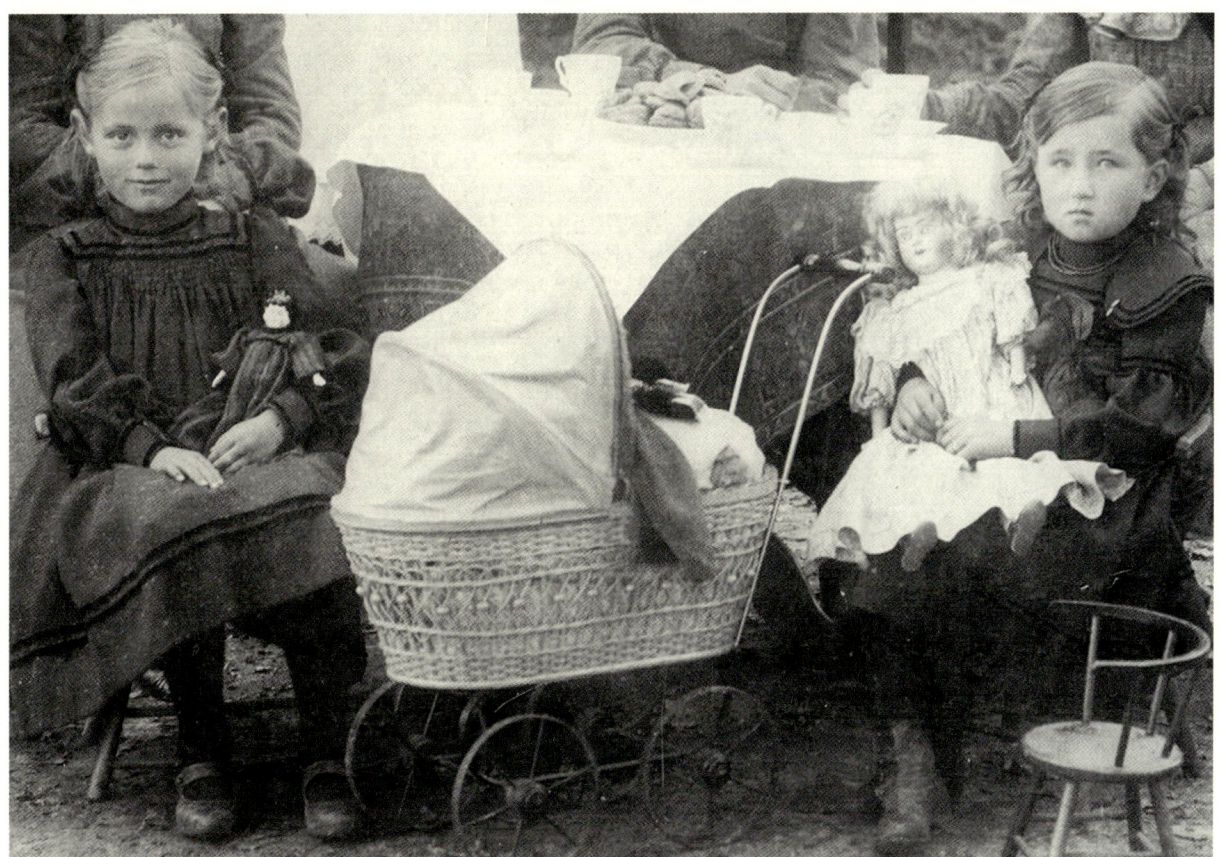

Kinder spielen
ihre Zukunft:
Links ein
preußischer
Ulan aus Al-
bersdorf mit
Küraß, Gewehr
und Zinnsolda-
ten (1915),
oben zwei Pup-
penmütter aus
Hemmingstedt
mit ihren „Kin-
dern" und ei-
nem Stuben-
wagen am
Kaffeetisch
(um 1905)

noch bei anderen Arbeiten helfen mußten und deshalb nur etwa ein Achtel ihrer Tageszeit mit Spielen verbringen konnten.

Daß der Umgang mit dem Spielzeug in früheren Zeiten als Vor-übung für die Rolle des Kindes im späteren Leben diente, war durchaus beabsichtigt. So nimmt 1915 ein kleiner Albersdorfer in der Uniform eines preußischen Ulanen und mit Zinnsoldaten, die preußische Husaren darstellen, seine ersehnte militärische Karriere bei der Kavallerie voraus. In Hemmingstedt dagegen posieren 1905 zwei kleine Mädchen mit einem schönen Stubenwagen und zwei Puppen, von denen die eine sehr kostbar ist, als Mutter und Haus-frau am Kaffeetisch.

In einem Dithmarscher Dorf fotografierte der Heider Maler Nicolaus
Bachmann um 1900 zwei niedliche blonde Puppenmütter bei der
Pflege ihrer „Kinder" – die Ausstattung im ganzen sehr viel einfacher und ärmlicher als in Hemmingstedt, die Intensität des Spiels
jedoch mit Händen zu greifen. Und wie die kleine Nordhastedterin
1924 ihre heißgeliebte „Gertrudpuppe" im Arm hält, zeigt einmal
mehr, daß Mädchen eine Puppe einfach brauchen.

Die beiden uri-
gen Puppen-
wagen (links),
fotografiert um
1900 in einem
Dithmarscher
Dorf, sind
eigentlich nicht
viel mehr als
hübsch ge-
flochtene
Körbe auf Rä-
dern. Kleine
Mädchen von
heute spielen
immer noch so
liebevoll wie
diese Puppen-
mütter. – Der
Vierjährigen im
Garten (rechts)
sieht man an,
daß ihre Liebe
zu der großen
Puppe über
viele Jahre
dauern wird
(1924)

Heißgeliebter Teddybär, hier im Arm
eines Jungen – Klassiker unter den Kinderspielzeugen (1929)

Typ Jungunternehmer: Der stolze Besitzer einer Dampfmaschine, die einen Kran und eine Mühle antreiben kann, wurde um 1925 in Heide fotografiert.

Puppen waren anfangs geformt und gekleidet wie kleine Erwachsene – meist elegante Damen. Sie hatten Vorbildfunktion ähnlich der heutigen Barbie-Puppe, die als Protagonistin für Konsum vor ein paar Jahrzehnten ihren triumphalen Siegeszug um die ganze Welt antrat. Erst ab 1910, dem „Geburtsjahr" der Käthe-Kruse-Puppen, wurden Puppenkinder kindlich, weich, beweglich und bekamen den süßen Baby-Charme, der jedes Mädchenherz anrührt.

Etwa gleichzeitig trat der erste Teddybär, eine Schöpfung von Margarete Steiff, auf den Plan und begann seine einzigartige Karriere als Klassiker unter den Kinderspielzeugen, als Vorläufer für eine unerschöpfliche Nachfolge von anderen Kuscheltieren und als Sammelobjekt für Teddy-Fans in aller Welt.

Technisches Spielzeug aus farbig bedrucktem Blech wie Autos, Eisenbahnen und Karussells faszinierte vor allem die Jungen. Auch Ritterburgen waren heiß begehrt und sind erst in jüngster Zeit durch Western-Forts und Piratenschiffe abgelöst worden. Eine richtig funktionierende Dampfmaschine bekam nur, wer schon ein

Für Einsteiger
in die Technik
ist die Eisen-
bahn aus
Blech, deren
Lokomotive mit
einem Schlüs-
sel aufgezogen
werden kann,
jahrzehntelang
die Nummer 1
auf der weih-
nachtlichen
Wunschliste ge-
wesen (1914)

bißchen verantwortungsbewußt damit umgehen konnte (oder einen Vater hatte, der auch gerne damit spielte!), denn so ein Ding
konnte explodieren. Aber eine Dampfmaschine war der fast immer
unerfüllbare Traum eines jeden Jungen – die Krone allen Spiel-
zeugs.

Dann gab es Dinge, die kleine Jungen und Mädchen gleicher-
maßen begeisterten: Bauklötze, Malbücher, Trudelreifen, Bälle,
Drachen – Spielzeug, das dem kindlichen Gestaltungs- und Bewe-

So fangen sie alle
noch heute an: Erst einmal in Ruhe
nachdenken, wie man das am besten packt (1925)

gungsdrang entgegenkam. Der Knirps in Heide, der 1925 bei seinen ersten, noch etwas ratlosen Versuchen am Baukasten fotografiert wurde, grübelt über ernste technische Probleme, während die

Da hält sich eine nicht
ans kindliche Rollenspiel! Der Wildfang
aus den 20er Jahren ist Graphikerin geworden

muntere Fünfjährige im selben Jahr ihren Ball durch den Garten
kickt, als wolle sie einmal Mittelstürmerin in der Nationalmann-
schaft werden. (Das ist für diese Zeit ein ungewöhnlich gutes Ama-
teurfoto von einem lebhaft bewegten Kind.)

Ebenfalls etwa 1925 stellte sich der Strahlemann mit Stock und
Reifen in Positur. Sein Spielzeug ist ein uralter Favorit. Es wurde
schon 1774 auf Bildern gezeigt. (Heute würden Kinder den Reifen
nicht mehr durch die Straßen rollen, sondern Hula-hoop damit

Der Trudelreifen
aus leichtem
Holz war noch
in den 30er
Jahren ein be-
liebtes Spiel-
zeug. 1925 wird
er sogar mit ins
Fotoatelier ge-
nommen

Drachen steigen
lassen ist ein
uraltes, zeitloses
Kinderspiel, das
heute sogar eine
Art von Erwachse-
nensport gewor-
den ist. 1930 war-
ten zwei Schwe-
stern auf den
richtigen Wind

spielen!) Auch die sehr alte Form des Drachens, den die beiden
Mädchen präsentieren, ist seit mindestens 200 Jahren bekannt.
Der Nachbar hat ihn 1930 aus Papier und Holzleisten gebaut. Diese
früher von Vätern oder größeren Jungen mit Sachkenntnis kon-
struierten Drachen waren unglaublich steigfähig und übertrafen bei
weitem all die bunten „Plastik-Flattermänner", die man heute in
Spielzeugläden und Supermärkten massenweise kaufen kann.

Erstes
Kriegsweih-
nachten
(1914) in
einer gut-
situierten
Bürgerfa-
milie. Ein
riesiger
Teddybär
auf Rädern,
den man
reiten
kann, Zinn-
soldaten,
Pferd und
Wagen aus
Holz sind
unterm
Tannen-
baum auf-
gebaut

Jeder will „mit drauf"

Zur Sommersaison, wenn die Touristen ins Land gekommen sind, stehen heute an allen Ecken Leute mit Kameras herum und fotografieren oder filmen historische Häuser und malerische alte Straßen. Kein Mensch nimmt mehr Notiz davon. Um die Jahrhundertwende war das anders. Fotografen auf der Straße waren damals eine Sensation, und was auch immer sie auf die Fotoplatte bannen wollten, sie mußten einen neugierigen Menschenauflauf in Kauf nehmen, der sich vor ihrer Kamera sammelte und artig stillestand.

Anfangs machten sogar viele Erwachsene das Spielchen mit, denn es war für die meisten viel zu teuer, sich ohne besonderen Anlaß fotografieren zu lassen. Um so freudiger wurde die Gelegenheit wahrgenommen, umsonst „mit drauf" zu kommen und sich dann vielleicht als – wenn auch meistens unerwünschter – Statist auf einer gedruckten Postkarte wiederzufinden.

Man staunt, wie viele Menschen sich versammelt hatten, als die Meldorfer Straße in Heide für eine Postkarte fotografiert werden sollte. Es muß sich wie ein Lauffeuer herumgesprochen haben, daß dort auf dem Kopfsteinpflaster eine Kamera aufgebaut wurde. Zeit genug gab es dafür, denn es dauerte eine Weile, bis der große Holzkasten, der das Bild hervorzaubern sollte, betriebsbereit war. Und im entscheidenden Moment hat der Fotograf wahrscheinlich mit Stentorstimme „Achtung – alle mal stillstehn!" gerufen, denn kei-

Wie ein gemaltes Bühnenbild sieht dieser Ausschnitt aus einer Postkarte aus, die einen Stempel von 1908 trägt. Ein Mann mit einer Kamera zog damals noch viele Neugierige an, die sich unaufgefordert als Statisten aufbauten. Fotografiert werden sollte hier die Meldorfer Straße in Heide

ner hat sich gerührt. Alle stehen regungslos im Bild wie die Zinnsoldaten.

Als der Maler Nicolaus Bachmann zu Beginn des Jahrhunderts und später der Fotograf Willi Schölermann Aufnahmen von Häusern machten, waren es fast nur noch Kinder, die zusammenliefen, um „mit drauf" zu sein. Für die Großen hatte der Spaß wohl schon den Reiz des Neuen verloren.

Diese alten Straßenfotos mit den sich ungebeten ins Bild mogelnden Passanten haben etwas Beklemmendes, denn jung und alt sehen aus, als hielten sie den Atem an und starren so beschwörend in die Kamera, als wollten sie den Meister unter dem schwarzen Tuch hypnotisieren. Das obligatorische Lächeln, das Fotografen irgendwann später mit der Floskel „Bitte recht freundlich" abforderten, war noch nicht in Mode gekommen. Ernst und Würde waren gefragt, nicht Jux und Dollerei.

In der Großen Westerstraße in Heide lief dem Fotografen Schölermann zwischen 1900 und 1910 eine Schulklasse ins Bild, die offenbar nach Unterrichtsschluß auf dem Heimweg war. Fast alle Jungen tragen helle Strohhüte mit dunklem Hutband (später scherzhaft „Kreissäge" genannt), schwarze Strickstrümpfe und Schuhe. Einer steht dabei, der bläst eine Blockflöte. Die Erwachsenen, die neben der Haustür auf der Bank sitzen und den Fotografen möglicherweise gebeten hatten, ein Bild von ihrem Haus zu

In der Großen Westerstraße ereilte den Heider Fotografen Willi Schölermann kurz nach 1900 dasselbe Schicksal: Eine Schulklasse auf dem Heimweg nutzte die einmalige Chance, ganz umsonst mit auf das Bild zu kommen. Die Kinder wußten, daß sie stillstehen mußten – keines hat gewackelt!

Drei Kanalarbeiter, acht kleine Zuschauer –
Anfang der 30er Jahre lief das Arbeitstempo
gemächlicher als heute

machen, nehmen die überraschende Invasion von Kindern ganz
gelassen hin.

Auch die drei Kanalisationsarbeiter, die von Schölermann Anfang
der 30er Jahre wahrscheinlich ebenfalls in Heide abgelichtet wurden, stellen sich, umringt von einem Kinderschwarm, dem Fotografen. Acht kleine Dithmarscher Blondschöpfe und ein (halb ver-
deckter) Puppenwagen haben sich eingefunden, um als Zeitzeugen
„mit drauf" zu sein.

Sogar bei alten Familienfotos kommt es vor, daß sich im Hintergrund ein ungebetener Gast eingeschlichen hat, der vielleicht mit
dem im Bild festgehaltenen Ereignis gar nichts zu tun hatte und den
der Fotograf erst bemerkte, als er den Abzug vom Negativ vor sich

sah. So konnten zwei smarte Sportwagenfahrer, die sich in den 20er Jahren per Selbstauslöser mit ihrem eleganten Fiat-Kabriolett fotografieren wollten, es nicht verhindern, daß ein gewitzter Junge in letzter Sekunde heransprang, sich an das Reserverad lehnte und mit einer eindrucksvollen Besitzerpose den beiden erwachsenen Selbsdarstellern auf dem Bild die Schau stahl.

Im übrigen erinnern sich manchmal Leute an Fotos, bei denen sie gerne „mit drauf" gewesen wären, jedoch daran gehindert wurden. So ließen sich 1917 drei schöne junge Schwestern zusammen fotografieren, ohne die vierte, noch recht kindliche Jüngste mit aufs Bild zu lassen. Diese Jüngste hat bis in ihr hohes Alter beim Anblick des Fotos pikiert bemerkt: „Da wollten die drei mich nicht mit drauf haben!" Fotos konservieren eben manchmal auch die Kränkungen, die man ohne Erinnerungsbild vielleicht längst vergessen hätte.

Sieht es nicht aus, als gehöre der teure Wagen ihm? Der Junge in Hosenträgern und Turnschuhen flitzte ungebeten ins Bild, bevor der Selbstauslöser klickte (1928)

Zwanzig Jahre liegen zwischen diesen beiden Bildern vom
Schulanfang. Selbst die große Zuckertüte lockt 1938 kaum
Begeisterung hervor. Der fein herausgeputzte Abc-Schütze von
1918 scheint sogar in Weltuntergangsstimmung zu sein

Zur Schule gehen

Der erste Schultag ist ein einschneidendes Erlebnis für jedes Kind. Bisher hat es im Spiel gelernt, jetzt wird Lernen zur Methode. Neue, mit großen Machtbefugnissen ausgestattete Bezugspersonen – Lehrer und Lehrerinnen – tauchen auf, und eine Institution, die dem vertrauten Familienbetrieb so gar nicht ähnlich ist, verlangt Leistung und soll akzeptiert werden.

Die meisten künftigen Abc-Schützen sehen dieser Veränderung zuversichtlich ins Auge. Nur wenige fürchten, daß die Schulpflicht eine „Einbuße an Lebensqualität" bedeuten könnte. Versüßt wurde der Eintritt in ein Leben mit Pflichten schon Ende des 19. Jahrhunderts durch die große Zuckertüte. Sie ist noch heute unverzichtbarer Bestandteil des ersten Schultages. Fotografen und Eltern haben zu allen Zeiten Optimisten und Pessimisten bei ihrem ersten Schulgang mit der Kamera eingefangen.

Nicht alle schulreifen Hoffnungsträger fielen auf die elterlichen Überredungskünste herein: Trotz seines eleganten Anzugs mit weißer Lochstickerei an Kragen und Manschetten scheint für den Kleinen mit der Matrosenmütze der erste Schultag im Jahr 1918 eine niederschmetternde Angelegenheit zu sein. An die im Fotoatelier aufgebaute Geländerattrappe aus Birkenholz klammert er sich hilfesuchend wie an den berühmten letzten Strohhalm.

Die beiden jungen
Damen mit den
großen Hüten
nehmen den ersten
Schultag im Jahr
1915 wohl eher
als ein gesell-
schaftliches
Ereignis

Die beiden Freundinnen mit den großen Hüten dagegen sind 1915 –
offenbar ganz von ihrer Wirkung überzeugt – als kleine Damen in
die Schule gegangen. Vermutlich jedoch nur zur Feier des ersten
Schultags, denn eine so pompöse Aufmachung dürfte dem
Schulalltag nicht standgehalten haben. Ranzen und Umhänge-
taschen fürs Frühstücksbrot sind jedoch schon so, wie sie bis nach
dem Zweiten Weltkrieg geblieben sind, bevor federleichtes Gewebe
aus Kunstfasern das schwere, strapazierfähige Leder ablöste.

Die Mädchen tragen ihre Ranzen nicht auf dem Rücken, sondern
über dem Arm, wohl um zu zeigen, daß die mit Bindfaden an der
Schiefertafel befestigen Schwämme vorschriftsmäßig draußen
hängen. Die Schwämmchen am Ranzen waren jahrzehntelang das
„Markenzeichen" der Schulanfänger, denn Schreiben und Rechnen
lernte man vor der Erfindung kindgerechter Füllfederhalter auf der

Schiefertafel. Und die Schrift auf ihr konnte mit den Schwämmchen abgewischt werden. Die schwarze Steinplatte war in einen stabilen Holzrahmen gefaßt und zeigte auf der einen Seite Linien zum Schreiben, auf der anderen Karos zum Rechnen. Sie konnte manchen Puff vertragen, doch war es riskant, sie fallen zu lassen, weil die Schieferplatte nicht bruchfest war.

Zum Beschriften wurde ein Griffel benutzt, ein Stift aus Schiefer, der weiße Linien auf die Tafel zeichnete. Er konnte beim Schreiben so fürchterlich quietschen, daß man eine Gänsehaut bekam, und auch er zerbrach, wenn er runterfiel. Holzstifte, die eine Mine aus weißer Kreide hatten, erwiesen sich in späteren Jahren als eine wohltuende, weil lautlose und unzerbrechliche Verbesserung. Dieses urtümliche Schreibgerät hat Generationen von Schülern gedient. Auch Genies haben darauf ihre ersten Osterhasen gemalt.

Es fing sogleich mit Zucht und Ordnung an: 1936 sieht man die Schulanfänger zu zweit als kleine Kolonne auf dem Schulhof angetreten, von wo der Lehrer sie zum erstenmal in die Klasse führt. Die Mädchen vorne weg, die Jungen hinterher, wobei an der Grenzlinie zwischen den Geschlechtern schon erste Techtelmechtel beginnen.

Mit wieviel Drill früher Schule gehalten wurde, das zeigt das Foto von 1912 aus Wrohm, auf dem die Kinder mit gefalteten Händchen um ihren untadeligen Lehrer versammelt sind, und der Blick in eine Klasse der Heider Knabenschule im Jahr 1922. Dort steht Lehrer Dittmann wie ein Denkmal über 37 kleinen Jungen, die alle den Griffel auf die Schiefertafel drücken und gehorsam in die Kamera starren. Mindestens 20 von ihnen tragen übrigens weiße Matrosenanzüge!

Aus der Reihe tanzen ab sofort verboten: In Reih und Glied rücken die Kleinsten 1936 vom Schulhof in die Klasse ein (ganz links). In Wrohm scheint es 1912 unter all den kleinen Jungen und Mädchen nicht einen einzigen Zappelphilipp mehr zu geben (links). Und auch in der Heider Knabenschule (unten) wird 1922 Zucht und Ordnung demonstriert, wenn der Fotograf ein Klassenfoto macht

Wehe, wenn kein
Lehrer zuschaut: auf
dem Schulhof in
Hemme tobt eine
Schneeballschlacht
(um 1910)

Spaß gab es natürlich in den Pausen auf dem Schulhof, wie das in Hemme aufgenommene winterliche Schölermann-Foto von vor dem Ersten Weltkrieg belegt. Da fliegen die weißen Schürzen mit den Schneebällen um die Wette!

Mit blitzblauen Augen und unwiderstehlichem Siegerlächeln startete 1946 ein Blondschopf seine Schulkarriere. Kurz nach dem Krieg – das war eine schlechte Zeit: Es gab kaum etwas zu essen und keine Kleider zu kaufen, man mußte sich behelfen mit alten Sachen, die man gegen andere alte Sachen eingetauscht hatte. Aber für den Knirps in der möglicherweise von der Schwester geliehenen Mädchenbluse, der die Riemen seines alten Ranzen mit festem Griff gepackt hat, war die Zukunft ein wunderbares Versprechen.

1946 – der
Krieg ist ver-
loren, Armut
und Hunger
sind all-
gegenwärtig.
Doch die
Jüngsten
starten un-
bekümmert
durch in eine
bessere
Zukunft.

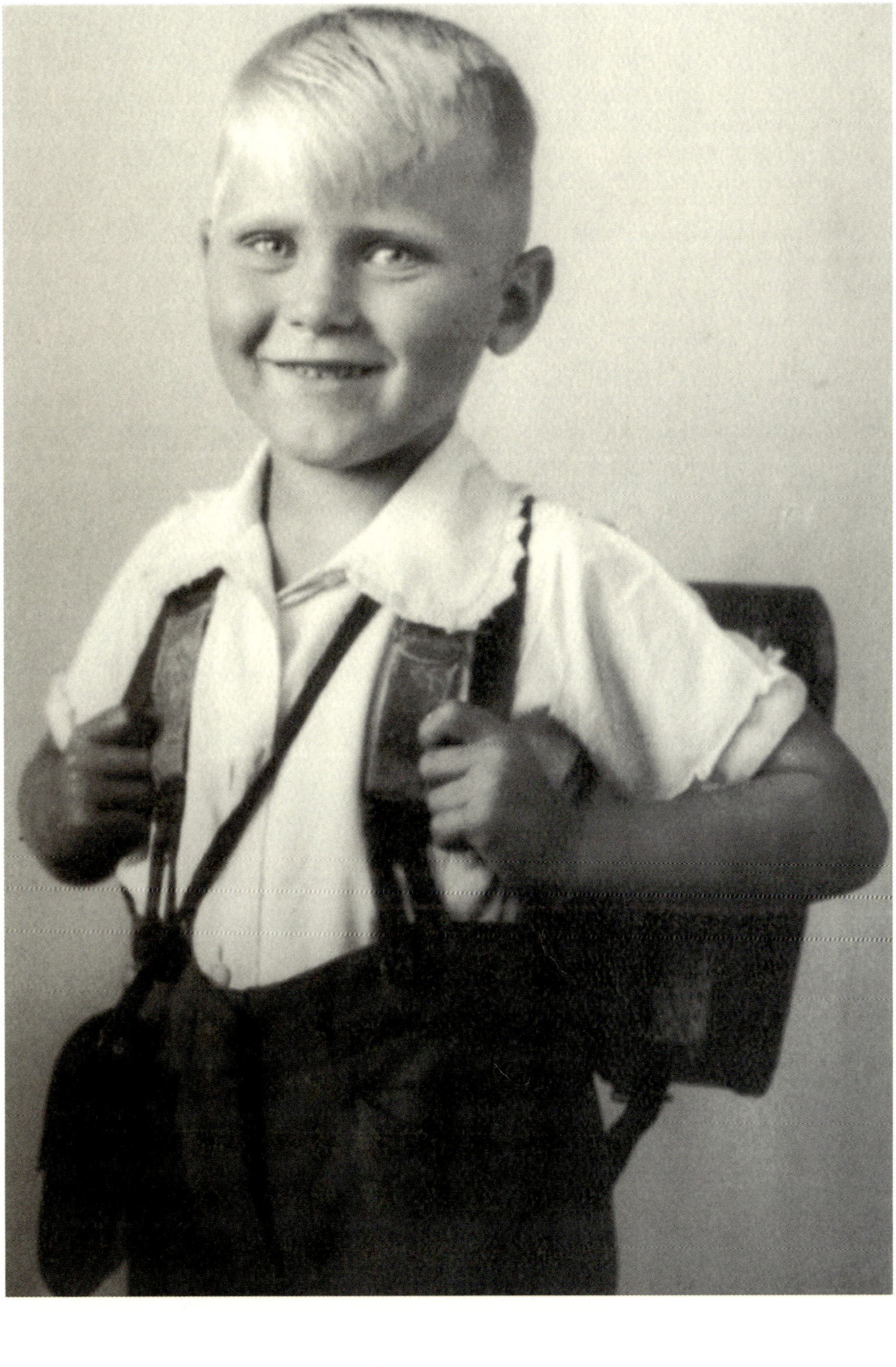

Zu Fuß und mit
dem Kinder-
wagen unter-
wegs: wer hatte
1933 für private
Ausflüge schon
ein Auto?

Der Sonntagsausflug

Sonntagsausflüge haben im Familienleben noch heute einen hohen
Stellenwert. Es wird ein Picknickkorb gefüllt, die Sachen fürs
Schnorcheln oder Sonnenbaden werden zusammengesucht, die
Surfbretter oder Fahrräder auf dem Autodach festgezurrt – dann
klappen vier Türen, der Motor heult auf, und ab geht es in den Stau.

Die vielzitierte „mobile Gesellschaft" mit dem langen Wochenende
gibt es aber noch nicht lange. Für die meisten Familien war es noch
jahrelang nach dem letzten Krieg nicht möglich, an einem Feiertag
mal eben 100 oder 200 Kilometer zwischen ihrem Wohnort und
dem Ausflugsziel zurückzulegen. Wer hatte schon ein Auto? Wer
hätte beim Sonntagsfrühstück die Auswahl gehabt, ob er ein oder
zwei Stunden später in der Nord- oder in der Ostsee baden wollte?

Nein, der einfache Bürger ging zu Fuß. Er schulterte seinen Picknickkorb und wanderte ins Grüne, soweit ihn seine Füße trugen.
Meist wurde die Entfernung von zu Hause von den noch kurzen
Kinderbeinen diktiert. Auch mit einem Kinderwagen kam man auf
Wald- oder Feldwegen nicht sonderlich gut voran. Asphaltierte
Landstraßen waren selten, und alle, die sich an Ausflüge vor fünf
oder mehr Jahrzehnten erinnern, werden wissen, wie mühsam und
quengelig die Kleinen am Ende der Wegstrecke mit ihren Sonn-
tagsschuhen im lockeren Sand durch die tiefe Spur der Pferdewa-
gen stapften.

Das Wetter spielte bei diesen Unternehmungen eine ausschlagge-
bende Rolle. Bei Dauerregen konnte man nicht los. Deshalb zeigen
die Fotos von Sonntagsausflügen aus der ersten Hälfte dieses Jahrhunderts immer strahlenden Sonnenschein.

Sonntagsaus-
flug von Heide
nach Büsum
und dann mit
Festtagsklei-
dern in die
Nordsee
(um 1915)

Vieles wäre einfacher gewesen, wenn die Familie, wie heute selbst-
verständlich, bequeme Sportkleidung hätte tragen dürfen. Aber sie
durfte nicht: Es war ehernes Gesetz – an Sonntagen trug man feine
Sachen. Man startete also auch ins Grüne oder an den Deich mit
langen weißen Kleidern und weißen Matrosenanzügen. Das Foto einer Heider Familie, die im Ersten Weltkrieg einen Sonntagsausflug
nach Büsum machte, zeigt Eltern und Kinder barfuß im Wasser,
doch wohlbehütet und festlich gekleidet, der Vater sogar mit
Schlips und hohem Kragen und tadellosem Tuchjackett.

Auch die beiden Damen in Weiß, die mit ihrem kleinen Neffen ihre
Füße in der Eider kühlen, riskieren nasse Kleidersäume. Ein
Schnappschuß mit der Kamera von 1914 – Renoir hätte ein wun-
derschönes Gemälde aus diesem Motiv gemacht!

Das Fußbad in der Eider – Höhepunkt einer Landpartie im Sommer 1914

Wasser und Sandstrand waren in Küstennähe natürlich bevorzugtes Ausflugsziel an Sonntagen. Das setzte in der Regel schon ein Auto voraus. Einen Strandkorb konnte man für einen Tag mieten und ihn dann als Staffage für die Präsentation der aktuellen Bademode benutzen. So zeigt eine Heider Familie auf einem Sonntagsfoto vom Strand in St. Peter, was 1927 „in" war. Ohne Strandkorb – einfach so im Sand vergnügte man sich 1930 am Elbestrand bei Hohnstorf. Für die Kleinen stand Buddeln und Baden auf dem Programm, während die Mütter im Sommerkleid auf dem Badetuch saßen und aufpaßten, daß nichts passiert. Man konnte sich unbesorgt in der Sonne aalen – die Zeit, in der Sonntagsausflügler am Ozonloch und Sommersmog mitwirken sollten, war noch nicht gekommen.

Bei Niedrigwasser traut sich jeder in die Nordsee, wie er gerade ist. Büsums Fischkutter warten auf die Flut (oben, 1935). – Sechs junge Leute „stechen in See" mit einer Strandburg, die ein Schiff darstellt (rechts), während der Jüngste sich unter Aufsicht seiner Schwester lieber am Flutsaum mit Matsch amüsiert (oben rechts, 1926). Sonntagsausflug an den Elbestrand. Vier Mütter teilen sich den Platz auf einer Decke, acht Kinder wuseln drum herum (ganz rechts, 1930)

Bademode von 1927, vorge-
führt auf der Sandbank vor
St. Peter. Die ganze Familie
hat Muscheln gesammelt und
die Strandburg damit deko-
riert (oben)

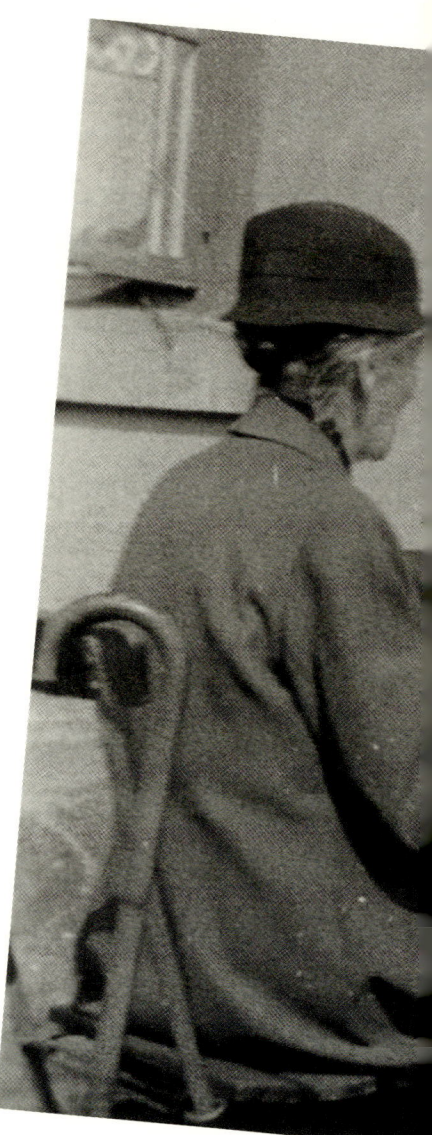

Wer kein Wasser vor der Haustür hatte, den zog es in den Wald oder in ein schönes Wiesental. Ohne Auto wurden da oft beträchtliche Entfernungen zurückgelegt. Am schönsten war es, wenn am Ende der Tour eine ländliche Schankwirtschaft oder ein Kaffeelokal im Grünen lag. Dann brauchte man keine schweren Körbe zu schleppen und konnte sich trotzdem auf Kaffee und hausgebackenen Kuchen freuen. Brause vom Faß war das höchste der Gefühle für die Kinder, wenn sie in den 20er und 30er Jahren draußen in der frischen Luft an weißgedeckten Tischen sitzen und ihren Durst löschen konnten. Häufig beschirmten die ausladenden Kronen alter Obstbäume die Kaffeegesellschaft und streuten im Mai ihre Blüten auf den Butterkuchen.

Solche größeren Ausflüge fanden gewöhnlich an den vorsommerlichen Feiertagen wie Ostern und Pfingsten statt. Diese Feste waren oft der Anlaß, sich Familienbesuch von außerhalb einzuladen. Schwager und Schwägerinnen, Omas, Opas, Onkel und Tanten trafen da nach langer Zeit wieder zusammen und hatten sich ungeheuer viel zu erzählen, während kleine Vettern und Cousinen ihre schon fast vergessene Freundschaft aufwärmten. Diese Ereignisse waren immer ein Foto wert. Und solche Fotos waren später die am meisten geliebten Erinnerungsstücke, denn sie zeigten ein Eckchen heile Welt, bevor ein schrecklicher Krieg Namen und Gesichter auslöschte, Familien auseinanderriß, Heimat zerstörte und Zukunft verfinsterte.

Drei Generationen sitzen beim Pfingstausflug
um den Kaffeetisch der Schankwirtschaft im Grünen.
Solche Ausflüge gehören zu den schönsten Erinnerungen
aus der Vorkriegszeit (1935)

Des Kaisers jüngste Soldaten, fotografiert von Thomas Backens in Marne vor dem Ersten Weltkrieg

Im Gleichschritt marsch

Fotos von Kindern in Uniform gehören fast zur Standardausrüstung älterer Familienalben. Wer miterlebt hat, wie noch in den allerletzten Tagen des nationalsozialistischen „Tausendjährigen Reichs" Kinder in Uniform in den Granaten- und Bombenhagel der Alliierten geschickt wurden, der sieht solche Bilder mit Unbehagen. Auch die ganz alten aus dem Kaiserreich, die schon eine rührend-nostalgische Aura umgibt. Sie vermitteln die Erkenntnis, daß das Drama der Kindersoldaten am Kriegsende 1945 eine lange Vorgeschichte hat.

Spätestens nach dem glorreichen Sieg über Frankreich und der Proklamation des Preußenkönigs Wilhelm zum deutschen Kaiser im Jahr 1871 rückte eine Karriere beim Militär in der gesellschaftlichen Rangordnung ganz nach oben. In den bürgerlichen Familien wurden die Jungen patriotisch erzogen. Kein Wunder, daß sie mit

Früh übt sich... Ein Sechsjähriger „präsentiert das Gewehr" vor der Kamera seines Vaters (1915)

Vorliebe Soldat spielten und sich mit Begeisterung in Uniform fotografieren ließen. Vom privaten Kriegsspielzeug abgesehen hielten auch die Fotografen in ihren Ateliers ein meist bunt zusammengewürfeltes Arsenal von Waffen und Uniformstücken bereit, um die kleinen Möchtegern-Krieger für das Foto einzukleiden.

Ein damals oft gesungenes Kinderlied begann: „Wer will unter die Soldaten, der muß haben ein Gewehr...", und die Knirpse wollten eigentlich alle, und sie hatten auch fast alle ein Gewehr. Oder wenigstens einen Degen, eine Fahne oder eine Trommel, wie die kleine Truppe beweist, die der Fotograf Thomas Backens aus Marne vor dem Ersten Weltkrieg auf der Straße in Linie angetreten zusammenstellte. Ob er sie beim Spiel überraschte oder auf Bestellung fotografierte, wissen wir nicht, aber es sieht aus, als hätten die Dreikäsehochs, von denen einige mit Sicherheit das Schulalter noch nicht erreicht hatten, den preußischen Exerzierdrill schon „intus". In tadelloser Haltung erwarten sie als des Kaisers jüngste Kadetten die Abnahme der Parade. Alles an ihnen ist perfekt bis hin zu den zusammengeknallten Hacken.

Aber auch privat haben Väter ihre Söhne zu Hause in so martialischer Pose abgelichtet. Der Knabe im Matrosenanzug, der 1915 mit ernster Miene den Präsentiergriff am Gewehr vorführt, ist erst sechs Jahre alt. Für ihn ist alles noch ein Spiel, und erst im Zweiten Weltkrieg, zu dem er als Soldat einberufen wurde, sollte er erfahren, was Krieg wirklich ist.

Ⓞ – Das ist der große Hindenburg
— — Der haut die Russen tüchtig durch!

Er ist noch zu klein, um zu wissen, für welche dicken
Sprüche sein kindlicher Charme vermarktet wird (im Ersten Weltkrieg). – Anleihen beim Militär macht im Jahr
1903 die Ausstattung der beiden Brüder, die einem Spiel-
mannszug angehören

Lust am Kriegshandwerk wollte man im Ersten Weltkrieg durch
Postkarten wecken, auf denen niedliche Kleinkinder barfuß, aber in
Uniform vor dem Bild von Hindenburg dicke Sprüche klopfen. Al-
les falsch, wie wir heute wissen…

Auch Jungen mit musischen Ambitionen stiegen schon vor dem ersten Weltkrieg in uniformähnliche Kleidung. Spielmannszüge
machten in ihrer Ausstattung Anleihen beim Militär, wie das Foto
zweier Brüder aus dem Jahr 1903 zeigt. Sie tragen Schulterstücke,
Epauletten, Ärmelstreifen und am Lederkoppel Degen.

Ab 1933 sind Kinder in Uniform ein gewohntes Bild: Zwölfjähriger Hitlerjunge in der Winteruniform der Staatsjugend des Dritten Reiches

Gar nicht so viel anders sieht der zwölfjährige Hitlerjunge in der Winteruniform der Staatsjugend des Dritten Reiches aus. Obwohl er erst dem Verband der Jüngsten, dem Deutschen Jungvolk, angehört, ist er schon ausstaffiert wie ein erwachsener Soldat. Dunkelblaue Tuchbluse, (im Sommer braunes Hemd), Lederkoppel mit Runenschloß, Schulterriemen und Fahrtenmesser, schwarzes Halstuch mit braunem Lederknoten, am Ärmel das Runenabzeichen des Jungvolks und ein Stoffdreieck mit der eingewebten Bezeichnung für die Region, in der der Uniformträger lebt – so marschieren die Jungen spätestens ab 1933 durch die Straßen und singen: „Wir werden weitermarschieren, wenn alles in Scherben fällt..." oder „Volk ans Gewehr!", was irgendwie an das alte Kinderlied erinnert, das ihre Väter und Großväter sangen.

Mai-Singen der 10- bis 14jährigen Jungmädel in der Hitlerjugend – die Einzelperson ist in der homogenen Masse der Uniformen kaum noch auszumachen (unten, Anfang der 40er Jahre) – In den Freizeitlagern des Bundes Deutscher Mädel wird mit den 14- bis 18jährigen Mädchen das einfache Leben eingeübt: Haare waschen am Badesteg (links, 1935)

In weißen Blusen, dunkelblauen Röcken und braunen „Kletterwesten" marschierten auch die Mädchen mit. Sie wurden nicht ausdrücklich für das Kriegshandwerk gedrillt, sondern übten sich in Freizeitlagern in hauswirtschaftlichen Tätigkeiten, musizierten und trieben Sport, um einmal würdige Partnerinnen für die deutschen Idealmänner „arischer Rasse" abzugeben. Die deutsche Frau raucht nicht – das war kein Witz, sondern ernstgemeinte, allgemeingültige Regel. Zeltlager, Geländespiele, Mai- und Weihnachtsfeiern mit viel Pathos, Sportwettkämpfe und „weltanschauliche Schulungsstunden" hielten die sorglosen, jungen Hoffnungsträger der Nation in Trab.

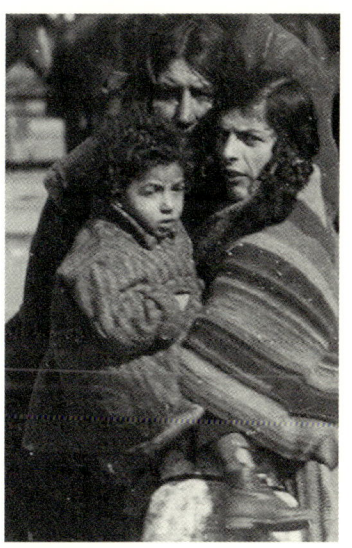

1935: Eine HJ-Kameradschaft im Sommerlager – hoffnungsvolle Jahrgänge, die der Krieg dezimierte (oben). – Aus einem Foto der 30er Jahre: Zigeunerinnen mit Kind in Angst vor der Kamera (rechts)

Im krassen Gegensatz zu dieser Sorglosigkeit steht die Angst, die sich in den Gesichtern der Zigeunerinnen malt, die mit ihrem kleinen Kind im Arm auf dem Heider Markt im Begriff sind, vor der Kamera zu flüchten. Sie sind ausgegrenzt und müssen in Deutschland das Schlimmste befürchten.

Degenrasseln und Hitlergruß beim Kindervogelschießen in den ersten Jahren der NS-Herrschaft. Der Theaterdonner hat ernsten Hintergrund. Zivile Festfreude wird zunehmend an den Rand des Geschehens gedrängt

Fotos aus diesen Jahren durchorganisierter staatlicher Kinderver-einnahmung sind verhältnismäßig selten. Vielleicht, weil sie nach Kriegsende aus Angst vor „Entnazifizierungsmaßnahmen" vernich-tet worden sind? Vielleicht auch, weil fotografierende Eltern von diesen Aktivitäten ihrer Sprößlinge ausgeschlossen blieben.

Das Bild von der Straße mit den vielen Hakenkreuzfahnen zeigt deutsche Soldaten in Heide kurz nach der Machtübernahme durch die Nationalsozialisten. Jede Menge Kinder begleiten die Truppe mit fröhlichem Toben. Sie wissen noch nicht, daß sie bald als des Führers jüngste Uniformträger im Gleichschritt mitmarschieren müssen.

Nach 1933 ziehen
deutsche Truppen durch Heide. Noch sind
die Kinder, die sie begleiten, nicht in Uniform

Der Krieg hat die sichere
„Heimatfront" ereilt: Hitlerjungen im Bahnhofsdienst bringen
ausgebombte und evakuierte Hamburger mit ihren letzten Habseligkeiten in provisori-
sche Quartiere (1943)

Jugend im Krieg

Kinder im Krieg – das gehört zu den erschütterndsten Kapiteln der Menschheitsgeschichte. Erst in neuester Zeit wird durch die Medien weltweit sichtbar, welche Tragödien bei Kriegsereignissen über Kinder hereinbrechen. Im Zweiten Weltkrieg wurde noch nicht gefilmt und fotografiert, wie Kinder auf der Flucht nach Westen Mutter und Geschwister verloren oder im Schnee begraben mußten. Wie sie ganz auf sich allein gestellt weiterzogen, von irgend jemand im armseligen Treck mitgenommen und schließlich wie eine Fundsache in einer desolaten Sammelstelle für „Kriegswaisen" abgeliefert wurden – krank, erschöpft, verwirrt, ohne Namen und Heimatadresse. Diese Bilder leben noch in den Herzen der Menschen, die dabeigewesen sind. In Fotoalben sind sie nicht zu finden.

Aber es gab die „Heimatfront" (ein vom Propagandaminister erfundener Begriff), an der alle für den „Endsieg" arbeiteten. Hier filmten die Wochenschau-Männer am laufenden Meter, wie sich Frauen, Kinder und die wenigen in der Produktion unentbehrlichen und deshalb daheimgebliebenen Männer für den Nachschub an die Kriegsschauplätze und die Erhaltung der Kampfmoral abrackerten.

Mit den Bombenangriffen der Alliierten auf deutsche Städte wurde auch die Heimatfront zum Kriegsschauplatz. Jetzt starben auch hier Kinder den „Heldentod". Für die jüngsten Uniformträger, die die aus den brennenden Großstädten evakuierten Frauen und Kinder auf den Bahnhöfen der ländlichen Gebiete in Empfang nehmen mußten, war das die erste Begegnung mit dem Kriegselend. Irgend jemand drückte 1943 auf den Auslöser einer Kamera, als die Hitlerjugend in Heide „ausgebombte" Hamburger mit ihren letzten Habseligkeiten in ein provisorisches Quartier brachte.

Auch sonst wurden Kinder zu „kriegswichtigen" Tätigkeiten heran-
gezogen. Schulklassen fuhren aufs Land zum Ernteeinsatz, und die
10- bis 14jährigen Jungmädel in der Hitlerjugend bastelten bei
ihren Heimnachmittagen mit Laubsäge, Holzleim und Lackfarbe
einfaches Spielzeug für Kinder, die durch Bombenangriffe alles verloren hatten. Fotos von dieser Produktion zeigen Kriegsschiffe neben Wiegen und einen hölzernen Jagdbomber (sehr beziehungs-
reich für ausgebombte Kinder!) neben Puppen und Zootieren.

Weil Rohstoffe knapp wurden, mußte Altmaterial gesammelt werden. Die Kinder brachten mit zur Schule, was wiederverwertet werden konnte: Altpapier, Lumpen, krummgeschlagene Nägel, Stan-
niol – selbst die letzte unbrauchbare Schraube und leere Zahnpa-
statube wurden abgeliefert. Gläser, Flaschen, Dosen und viele
andere Dinge wurden schon im Haushalt so lange wiederbenutzt,
bis sie wirklich nicht mehr zu verwenden waren. Das Plastikzeitalter
sollte erst kommen. Die durch dieses Material erzeugten Müllberge

Gespendetes und gebasteltes Spielzeug für Kinder, die durch Bombenangriffe alles verloren haben. Wieviel Freude wird ihnen der Jagdbomber machen? (links, vor 1945) – In der Schule wird Altmaterial für die Kriegswirtschaft gesammelt. Selbst krummgeschlagene Nägel werden abgeliefert (1943)

von heute gab es noch nicht. Die monatlich anfallende recyclingfähige Müllmenge einer mehrköpfigen Familie ließ sich bequem in einer Einkaufstasche transportieren.

Immer mehr
Lazarette für
Kriegsverwun-
dete werden
eingerichtet.
Jungmädel
bringen Blu-
men und sin-
gen für die
Soldaten
(1942)

Es gab Orte, in denen für Tausende von Kriegsverwundeten Schul-
gebäude in Lazarette umgewandelt werden mußten. Dorthin gingen
Jungmädel in Uniform, sangen alte Volks- und Liebeslieder und
legten Blumensträuße auf die Betten. Dicke weiße Verbände ver-
deckten gnädig, welche Wunden der Krieg den jungen Soldaten ge-
schlagen hatte.

Aus Raummangel wurde gegen Ende des Krieges in manchen

Schichtunter-
richt in über-
füllten Schulen
und bei
weißhaarigen
Lehrern, die
aus dem Ru-
hestand geholt
werden. Das
Hitler-Bild
hängt in jedem
Klassenraum
(1944)

Schulen Schichtunterricht gegeben. Weißhaarige Lehrer, die längst
das Pensionsalter überschritten hatten, mußten wieder aufs Kathe-
der, wobei sie oft genug mit den durch schlimme Kriegserlebnisse
verstörten Kindern nicht zurechtkamen. Die meisten jungen
Pädagogen waren bis 1944 gefallen. Und auf all diese kriegsbe-
dingten Provisorien blickte bis zum letzten Tag des Dritten Reiches
in jeder Schulklasse das eherne Antlitz des „Führers" von der Wand
herab.

Vater hat Urlaub von der Front – die Sorge um die Zukunft überschattet schon die Wiedersehensfreude

Es wurde immer seltener, daß Väter, die Soldat waren, Heimaturlaub bekamen. Doch wenn sie für ein paar Tage bei ihrer Familie sein durften, dann überschattete die Sorge um die Zukunft das Glück des Wiedersehens. Noch stülpten sich die Jüngsten den großen Stahlhelm über den blonden Schopf, doch das Foto der Urlauberfamilie zeigt, daß von Kriegsbegeisterung nicht mehr die Rede sein konnte. Und trotzdem wurde noch im Mai 1944 im randvollen Segeberger Kalkbergstadion, damals „Thingstätte" genannt, ein Spektakel inszeniert, das über das drohende Ende der NS-Herr-

Kurz vor dem Ende noch einmal ein großes Spektakel: Zehntausend Kinder in Uniform werden ins Segeberger Kalkbergstadion gebracht, um Zeugen einer pathetischen Fahnenweihe zu sein (1944)

schaft hinwegtäuschen sollte. Zehntausend uniformierte Kinder und Jugendliche wurden mit Treckern und Anhängern aus allen Teilen des Landes herantransportiert, damit sie Zeugen sein konnten, wie der Reichsjugendführer Axmann mit der „Blutfahne" der NS-Partei aus der Zeit vor ihrer Machtübernahme die Hitlerjugend-Wimpel aus ganz Schleswig-Holstein „weihte". Ein bombastisches Schauspiel mit Trommelwirbel, Fanfarenklängen und der ständigen Sorge, daß ein jederzeit möglicher feindlicher Tiefflieger-Angriff dem ganzen ein jähes blutiges Ende bereiten könnte.

Kinder feiern ein Fest

Es dauerte gar nicht lange, bis die Kinder nach dem Ende des Krieges wieder private Feste feiern konnten. Es lag zwar noch vieles in Trümmern, die Sorgen um Essen, Kleidung, Wohnung und Heizung beherrschten das tägliche Leben, doch schon bevor wieder problemlos Kuchen gebacken werden konnte, vergnügten sich die Teenager, wie sie künftig heißen sollten, bei auf der Herdplatte geröstetem trockenen Maisbrot und einem undefinierbaren, chemisch gefärbten „Heißgetränk" auf ihren ersten Parties nach dem Krieg. Große Kindergeburtstage, Vogelschießen, Schulfeste und die dazugehörigen Umzüge hatten in den letzten Kriegsjahren nicht mehr stattfinden können. Da war also vieles nachzuholen.

Fotos von solchen Ereignissen finden sich in den Familienalben erst wieder seit dem Ende der 40er Jahre, nachdem sie in den 20ern und 30ern noch recht häufig waren. Bilder von privaten Festen aus der unmittelbaren Nachkriegszeit fehlen vielleicht auch deshalb, weil viele Familien im Krieg ihre Kameras verloren. Andere mußten sie gleich nach Kriegsende auf Anordnung der Besatzungsmacht abliefern. Solange die neue D-Mark nicht eingeführt war, gab es Foto-Utensilien höchstens auf dem Schwarzmarkt. Zu regulären Preisen waren sie erst wieder im Laden, nachdem die Währungsreform für normale Verhältnisse gesorgt hatte. Erst als alle mit dem Nötigsten versehen waren, konnte man wieder ans Festefeiern und Fotografieren denken.

Das frustrierende Warten auf Zuteilung eines Bezugsscheins für Textilien war endlich vorbei. Nach langen Zeiten spartanischer Enthaltsamkeit machte es wieder Spaß, die Kinder auszustaffieren und feinzumachen. Jahrelang hatte man nur Veranstaltungen in Uniform (und zum Schluß überhaupt keine mehr) erlebt. Die fiebernde Vorfreude, die schlaflose Nacht der Erstkläßler, die beim Schulfestumzug unterm Blumenbogen gehen sollten, waren schon fast in Vergessenheit geraten. Jetzt kehrte alles zurück. Sogar die kindliche Festtagskleidung für solche Anlässe scheint sich nahtlos an die Vorkriegsmode angefügt zu haben.

Die ersten Kinderfeste nach dem Zweiten Weltkrieg: So hübsch haben die kleinen Mädchen lange nicht mehr gefeiert! (Ende der 40er Jahre)

Kindergeburtstag 1925 in Heide. Charlestonröcke, weiße Haarschleifen und Spangen-schuhe bestimmen das Bild

Nach wie vor war Weiß die dominierende Kleiderfarbe für die Mädchen. Zarte Pastelltöne und kleine duftige Streublümchenmu-ster durften es auch sein. Stoffe mit leuchtenden Schockfarben, wie sie heute in der Kindermode üblich sind, wurden damals noch nicht hergestellt. Grelle Textilien galten als geschmacklos. Stattdessen feierten überschnittene Schultern oder gepuffte kurze Ärmel, vor allem aber große weiße Haarschleifen auf dem Kopf – vor dem Krieg ein modisches „Muß" – nach dem Krieg noch einmal ein kur-zes Comeback.

Königsproklamation beim Kinderfest in Kronprinzenkoog (1949). Kleider und Schuhe sind individueller geworden

Lediglich der einheitliche schwarze Spangenschuh, der 1925 und 1931 auf Fotos von Kindergeburtstagen in Heide von allen Mädchen getragen wurde, war nach dem Krieg passé und wurde von individuelleren Schuhformen abgelöst. Sandaletten, Slipper, Halbschuhe, sogar der traditionsreiche Reformschuh sind um 1950 auf den Fotos zu erkennen. Die Jungen tragen übrigens oft noch dunkle Schnürstiefel – aber aus dem Matrosenanzug sind sie offenbar fast alle rausgewachsen.

Turnschuhe zum Kinderfest anzuziehen, wie es heute die Regel ist, hätte sich damals niemand getraut! Sie waren allerdings auch denkbar ungeeignet dafür: aus schlabberigem schwarzen Stoff und mit einer Gummilitze überm Spann genau so unelegant wie die unförmigen dunkelblauen Trainingshosen aus dickem Baumwollgewirk, die etwa 1925 in Mode kamen und winterliche Standardkleidung wurden. Der Siegeszug der farbenfrohen, mit vielen Extras ausgestatteten heutigen Turnschuhe stand noch erst bevor.

Das alte Geschicklichkeitsspiel „Eierlaufen", bei dem ein Ei auf einem Löffel in der Hand im schnellen Wettlauf zum Ziel getragen werden mußte, ist 1931 beim Nordhastedter Vogelschießen fotografiert worden. Die Kleine, die gerade ihr Ei verliert, wird sich über diesen herrlichen Schnappschuß lange geärgert haben.

Oberrealschüler aus Heide machen aus einem Schülergeburtstag einen „Herrenabend"
(links oben, 1929) – Kinder aus Kronprinzenkoog führen beim Schulfest Volkstänze vor
(links unten, 1949) – Fröhlicher Festumzug ohne Gleichschritt. Alt und jung ziehen gemeinsam durch das Dorf (oben, 1949)

Zwei Jahre vorher feierte eine Klasse der Oberrealschule in Heide
einen Schülergeburtstag. Möglichst verrucht mit (nicht angezünde-
ter!) Zigarette und gefülltem Glas ziehn die Jungen vor dem Fotografen eine Schau ab, die man ihnen nicht glauben kann, wenn
man ihre braven Gesichter sieht.

Zum Kindertanz in Kronprinzenkoog 1949 sind Swing und Bebop
noch nicht im Repertoire, aber eine flotte Sohle kann auch beim
Volkstanz aufs Parkett gelegt werden. Das Foto vom Umzug mit den
kleinen Majestäten spricht Bände: alle sind dabei, alle genießen ein
zwangloses Fest – Ende der 40er Jahre kommen alt und jung endlich wieder ohne Gleichschritt ans Ziel.

So gingen Kinder und Erwachsene vor dem Ersten Weltkrieg zum Jahrmarkt. Die malerische Szene am Büsumer Hafen wird beherrscht von den Blumenhüten der Damen.
Viele kleine Jungen tragen sogenannte „Kreissägen", das sind runde Strohhüte mit
dunklem Band.

Am Rande des Geschehens

Kinder sind das beste Publikum, das Veranstalter sich wünschen können. Immer schnell zur Stelle, sofort bereit zum Staunen, Lachen und Applaudieren.

Ganze „Trauben" von Jungen und Mädchen versammeln sich am Rande des Geschehens – sei es bei Umzügen, Platzkonzerten, Vorführungen oder etwas alltäglicheren öffentlichen Ereignissen. Sie sind dabei und füllen die Szene mit Leben.

Dabei begegnen sie natürlich den Fotografen, die auf den Straßen und Plätzen als Chronisten des Tagesgeschehens mit der Kamera unterwegs sind. Eifrige, lachende Kindergesichter säumen deshalb die Motive und Bildränder fast aller alten Fotos von Veranstaltungen auf den Straßen. Ganz absichtslos entstand so eine Art kleiner Chronik über kindliche Statisten bei den für das Vergnügen oder die Geschäfte der Erwachsenen ausgedachten Inszenierungen.

Hauptdarsteller sind die Kinder jedoch auf den Jahrmärkten. Dort wimmelt es nur so von ihnen. Das schönste alte Jahrmarktsfoto, das zu finden war, ist eine Aufnahme aus Büsum, die vor dem ersten Weltkrieg gemacht worden sein muß. Die Kamera war am Hafen auf dem Deich aufgebaut und erfaßte ein wunderhübsches Kinderkarussell, eine Gruppe von Buden, eine Pferdekutsche, eine Ecke des Hafenbeckens und über allem die vielen im Seewind flatternden Fahnen. Am faszinierendsten ist jedoch die Menge der eleganten Damen mit sittsam gerafften bodenlangen Röcken aus glänzender Seide und riesigen, blumenbeladenen Hüten. Zwischen ihnen überall die hell leuchtenden Strohhüte mit dunklem Band, die damals zur Feiertagskleidung der kleinen Jungen gehörten.

Etwas weniger festlich gekleidet drängelt sich in den 20er Jahren eine unübersehbare Menge von Jungen und Mädchen vor einem Kaspertheater auf dem Jahrmarkt in Heide. Die kleinen Zuschauer sind nach dem Ersten Weltkrieg vom Strohhut auf die dunkle

Rechts (nicht mehr im Bild) muß ein Kaspertheater stehen, denn Kopf an Kopf sieht man lachende Kindergesichter auf dem Herbstmarkt in Heide (Ende der 20er Jahre)

Schirmmütze umgestiegen, doch die Begeisterung für die Tracht Prügel, die Kasper dem Teufel verabreicht, ist dieselbe geblieben.

Dem Maler Nicolaus Bachmann verdanken wir ein paar schöne fotografische Schnappschüsse vom Heider Wochenmarkt um 1900. Die Mädchen mit den flachen Hüten und den obligatorischen weißen Schürzen haben sich ohne Zweifel für die Aufnahme „aufgebaut", doch nicht extra dafür schöngemacht. Einige tragen den Einkaufskorb am Arm.

Völlig ungezwungen und mit hinreißender tänzerischer Anmut bewegt sich dagegen die kleine Marktbesucherin in der dunklen Pelerine. Auf ihren hochgesteckten Haaren schwebt ein keckes flaches Hütchen, das uns heute an eine „fliegende Untertasse" erinnert. In der Linken hält die kleine Eva den halb aufgegessenen Apfel, mit der Rechten weist sie höchst amüsiert auf ein quiekendes Ferkel, das gerade zum Kauf angeboten wird. Ein Hundsfott, wer da noch behauptet, Dithmarscher Deerns hätten keinen Charme!

Mit der weißen Schürze geht es zum Einkaufen: Heider Wochenmarkt um 1900

Die charmante kleine Dithmarscherin,
die beim Ferkelhandel zuschaut, hat der Maler
Nicolaus Bachmann um die Jahrhundertwende fotografiert

Hahnebierumzüge in Heide brachten immer die ganze Jugend der kleinen Stadt auf die Beine. Oben ein Gruppenbild mit Reitern vor dem Ersten Weltkrieg, links andächtige kleine Zuhörer bei einer markigen Ansprache in den frühen 30er Jahren

Hoch zu Roß kommen vor dem Ersten Weltkrieg die Festteilnehmer zum Hahnebier der Süderegge in Heide daher. In Begleitung der Reiter ein stolzer Ordnungshüter mit Pickelhelm und natürlich haufenweise Kinder, die dem Fotografen respektvoll Reverenz erweisen, indem sie ihm die Sicht freigeben. In diesem Augenblick ist der Fotograf eindeutig wichtiger als das Hahnebierschauspiel.

Radfahrerbundesfest in Heide 1914. Es wimmelt von Jungen mit Schirmmützen und schwarzen Schnürstiefeln. Wer die kürzesten Beine hat, muß am schnellsten rennen

Bewundernde Blicke von allen Seiten: Ab 1928 wurden in Heide Autorennen gefahren.
Manchmal „verirrten" sich rassige Rennwagen auf den großen Marktplatz

Als Radfahren noch ein junger Sport war, muß das Radfahrerbundesfest, das 1914 in Heide stattfand, die ganze Stadt auf die Beine gebracht haben. Da Radfahrer beim Umzug etwas schneller sind als Fußgänger, mußten sich die kleinen Zuschauer mit Schirmmützen und Matrosenanzügen ganz schön sputen, wenn sie den Anschluß nicht verpassen wollten. Die Fotos beweisen: je kürzer die Beine, desto schneller mußte gerannt werden. Auch hier ging nichts ohne den Mann mit dem furchterregenden Bart und der blitzenden Pikkelhaube.

14 Jahre später hatte Heide den Sprung vom Fahrrad ins Rennauto geschafft. Seit 1928 wurden auf der ursprünglich für Pferderennen gebauten Fichtenhainbahn Autorennen gefahren, die Heide zeitweilig in ganz Deutschland berühmt machten. Für die tollkühnen Männer mit den qualmenden Reifen war vor oder nach dem Wettkampf ein Abstecher auf den Heider Markt und eine Runde unter den bewundernden Blicken schöner Frauen und staunender Kinder mindestens so wichtig wie ein Sieg auf der Piste. Ganz besonders, wenn ein Fotograf zur Stelle war, der den Fahrer und seinen heißen Ofen für die Nachwelt festhielt.

Kleine Leute – große Mode

Ein schönes neues Kleid – das war früher genau wie Geburtstag, Schulanfang und Konfirmation ein besonderer Anlaß, ein Kind fotografieren zu lassen. Manchmal wurden sogar alle Geschwister neu eingekleidet, und dann gab es auch ein Gruppenfoto.

Ein neues Kleid kann heute im Vorübergehen vom Ständer mit den Sonderangeboten mitgenommen werden. Dagegen war seine Anschaffung noch bis in den letzten Krieg hinein immer eine Art von Staatsakt und setzte in der Regel voraus, daß das alte Kleid nicht mehr paßte oder „aufgetragen" war. Daß es vielleicht der neuesten Mode nicht mehr entsprach, war kein Grund, es auszurangieren. Sachen, die noch gut waren, wurden nicht weggeworfen. Außerdem wechselte die Mode früher nicht so schnell wie heute.

Trotzdem machte die Kindermode immer Anleihen beim aktuellen Kleidungsstil der Erwachsenen. Und wenn ein kleines Mädchen ein neues Sonntagskleid bekam, dann entsprach es natürlich den gerade geltenden, von der Modemetropole Paris propagierten Richtlinien.

Gegen Ende des 19. Jahrhunderts waren historisierende Stilelemente der letzte Schrei: Neubauten sahen aus wie gotische Kirchen oder Tudorburgen, und die Damen, die darin wohnten, erinnerten in ihrer Kleidung an Burgfräulein oder Hofdamen des Barock. Älteste Fotos von „feingemachten" Kindern aus dieser Zeit zeigen dann auch einen Abglanz all dieser reich gerüschten und gefältelten Pracht. Gezipfelte Van-Dyck-Kragen aus weißer Spitze, Tressen, Falbeln, Rüschen, Biesen, Samt und Brokatborte – wie kostbare Puppen sitzen oder stehen die Kleinen dem Fotomeister Modell.

Das Biedermeier läßt grüßen! Familienfoto aus der Zeit der Daguerrotypie mit typischer Mode: Mutter trägt noch eine Krinoline (1856)

In diesem Buch ist das älteste Bild dieser Art noch die Kopie einer Daguerrotypie, die 1856 aufgenommen wurde. Die Familie mit zwei kleinen Söhnen und einem Töchterchen führt uns die Mode des Biedermeiers vor. Trotz des schlechten Erhaltungszustandes des Fotos ist zu erkennen, daß die Mutter unter dem gebauschten Rock eine Krinoline trägt. Und ihr Jüngster, dessen Hand sie zärtlich hält, ist gekleidet wie ein Mädchen. Ein Wäschehöschen mit weißer Lochstickerei schaut unter dem mit Streifenmuster abgesetzten Kleidersaum hervor.

Historisierendes
Sonntagskleid für
ein kleines Mädchen
aus wohlhabender
Bürgerfamilie
(um 1890)

Die Kleine mit dem dicken blonden Zopf auf der Schulter und den
verträumten Augen sieht für den heutigen Geschmack so aus, als
habe man sie für ein Historienspiel kostümiert, doch trägt sie ein
„ernstgemeintes" winterliches Sonntagskleid, wie es um 1890 in
wohlhabenden Bürgerfamilien üblich war.

Zur gleichen Zeit entstand das Foto von den beiden Schwestern, die
Hand in Hand ihre neuen, gleichartigen Kleider vorführen. Es sind

Festliche Kleidung
von Arbeiterkin-
dern, vermutlich
aus einem Katalog
bestellt (vor 1900)

Arbeiterkinder, deshalb fällt der Putz erheblich einfacher aus. Eine weiße Rüsche um Schulterpasse und Ärmelmanschetten sind eigentlich schon alles, was an Luxus möglich war. Vielleicht sind diese Kleider sogar aus einem Katalog bestellt worden (es gab damals schon erstaunlich reichhaltige Versandkataloge), denn auf zeitgleichen Fotos von Arbeiterkindern unterschiedlichster Regionen finden sich oft Kleider, die diesen zum Verwechseln ähnlich sind.

Tante im schicken
englischen
Kostüm, Neffe im
Matrosenanzug
mit der alten
Form des runden
Kragens. Beide
tragen die gleiche
Matrosenmütze
mit einem einge-
webten Schiffs-
namen (Foto aus
Brunsbüttel, um
1906)

Kein Püppchen, sondern quicklebendig ist die Kleine im Samtkleidchen mit Spitzenkragen. Ihr Brüderchen trägt einen Matrosenanzug, wie ihn Prinz Wilhelm von Preußen in deutschen Landen populär gemacht hat (links, 1897). – Auch der Matrosenanzug mit der Schleife am Kragen und den weißen Streifen an der Hose ist ein frühes Exemplar des modischen Dauerbrenners in der Kinderkleidung (rechts, 1895)

Aus den Jahren 1895 und 1897 stammen in diesem Buch die ältesten Fotos von Matrosenanzügen. Beides sind Atelieraufnahmen und zeigen kleine Jungen im dunklen Tuchanzug mit breiten weißen Streifen um Kragen, Manschetten und in einem Fall sogar am Hosenbein.

Matrosenanzüge sind in der Kinderkleidung fast ein Jahrhundert lang ein Dauerbrenner gewesen. Der erste maßgeschneiderte schmückte 1846 ein vierjähriges englisches Königskind, den Prinzen von Wales. Der braunlockige Knabe wurde in dem weißen Ausgehanzug der königlichen Marine so entzückend gemalt, daß das Bild und damit der neue Kinderanzug bald in vielen Kopien in Adelskreisen auftauchte. Als der Matrosenanzug 15 Jahre später in England unters Volk kam, verlor er viel von seinem elitären Charme: Übrig blieb die Bluse – jetzt auch dunkelblau – mit dem ausladenden Kragen in Kombination zu Knickerbockern, die eigentlich ein Stilbruch waren.

In „guten Häusern" mit Personal, das sich um die Wäsche zu kümmern hatte, trugen die Kinder auch am Alltag weiße Kleidung. Links ein Geschwisterpaar mit teurer Puppe in einem Jugendstil-Armstuhl, unten ein Engelchen in luxuriöser Lochstickerei und Spitze (beide Fotos etwa 1910)

Queen Victoria schenkte Anfang der 60er Jahre ihrem Enkel in Deutschland, dem damals dreijährigen Prinzen Wilhelm von Preußen und späteren Kaiser Wilhelm II., einen original-englischen Matrosenanzug in Weiß, wie ihn der Prince of Wales getragen hatte. Der kleine Wilhelm stand als erstes Kind des europäischen Kontinents in dieser Kostümierung vor der Kamera und löste damit eine Mode aus, die etwa 70 Jahrgänge hoffnungsvoller deutscher Knaben bis ins Schulalter begleiten sollte.

Getragen haben sie diesen Anzug eigentlich alle – sogar die Mädchen bekamen ihr Matrosenkleid und sahen darin flott und sportlich aus. In gutsituierten Bürgerfamilien, in denen die Pflege weißer Wäsche kein Problem war, weil es Personal dafür gab, wurde der Marine-Look nach wie vor in Weiß bevorzugt. Das blitzsaubere Geschwisterpaar, das etwa 1910 im Atelier mit einer teuren Puppe und einem Armstuhl im Jugendstil fotografiert wurde, erinnert sehr an die berühmten Interieurs und Kinderbilder, die der schwedische Maler Carl Larsson um dieselbe Zeit gemalt hat. Vielleicht ließ sich der Fotograf von diesen Bildern inspirieren.

In „guten Häusern" sahen kleine Mädchen, die kein Matrosenkleid tragen wollten, um 1910 so aus wie die niedliche Zuckerpuppe mit Rüschenhut und Ball. Diese strahlendweiße Pracht in gestärkten Spitzen und Stickereistoffen war ein Luxus, der in Familien mit gehobenem Lebensstandard nicht nur für den Fotografen entfaltet wurde. Theodor Fontane schildert in „Frau Jenny Treibel" die tägliche Morgentoilette der kleinen Lizzi in Hamburg und nennt das Kind einen „Ausdruck von Weißzeug mit einem roten Bändchen drum".

Marschbauern-
kinder in auf-
wendiger Feier-
tagsausstat-
tung. Hier
haben Reform-
kleidung und
Jugendstil um
1905 noch
keine Chance.
Auf dem Lande
setzen sich
Modeneuheiten
immer mit et-
was Verspätung
durch

Einen deftigen Kontrast zu soviel ätherischer Kinderschönheit lie-
fert uns der Fotograf Willi Schölermann mit seinem Bild von drei
resoluten Schulmädchen aus Heide, die er 1914 im Schuhmacher-

Unter dem Werbeschild für „Bleyle's Kna-
ben-Anzüge" haben sich 1914 drei Heider
Schülerinnen aufgebaut. Den Fotografen
mustern sie mit dem Mißtrauen der kleinen Leute. Ihre schlichten Schulschürzen
sind über einfache Kleider gezogen –
alles an ihnen ist sehr bescheiden. Aber
ihr Selbstbewußtsein kann sich mit dem
der Marschbauernkinder messen

ort traf. Hier ist die Kindermode der kleinen Leute unterwegs! Ordentlich behütet
und mit der üblichen Schul-
schürze angetan, so parieren
die drei kleinen Heiderinnen
selbstbewußt die Aufforderung des Straßenfotogra-
fen. Bitte recht freundlich?
Dummes Zeug – wann sie
lächeln, bestimmen sie
selber.

Über ihnen an der Haus-
wand wirbt übrigens ein
Reklameschild für Kna-
benanzüge der Firma
Bleyle. Bleyle-Sachen
waren gut, man konnte
Ärmel, Rocksäume und
Hosenbeine anstricken
lassen, wenn man aus
dem Kleidungsstück
herausgewachsen war.
Doch solche Qualität
hatte ihren Preis, und
die drei unter dem
Schild sehen nicht so
aus, als ob sie jemals
Bleyle-Sachen getra-
gen hätten.

Nach der neuesten Reform-
mode gekleidet lassen sich
kurz nach 1900 drei kleine
Schwestern fotografieren.
Die Kleidchen sitzen weit
und locker, eine Taille gibt
es nicht mehr, und der Gür-
tel ist lässig auf die Hüfte
gerutscht

Um die Jahrhundertwende siegte bei den Modeschöpfern die Ein-
sicht, daß Schnürkorsetts ungesund sind und die Bewegungsfrei-
heit einengen. Mit großem Aufatmen stiegen die Damen in lose, luf-
tige Gewänder mit von der Schulter bis zum Fuß durchgehenden
Nähten. Ideale Mode auch für Kinder, die sich endlich zwanglos in
lockeren Hängerchen bewegen durften. Drei kleine blonde Schwestern – zwei davon mit lustigen Schleifen über den Ohren – de-
monstrierten schon kurz nach 1900 im Fotoatelier, woher der neue
Wind wehte.

Und als nach dem Ersten Weltkrieg mit kniekurzen, taillenlosen
Charlestonkleidern und glatten Bubiköpfen die wilden 20er Jahre

Pagenköpfe, lose Kleider
und Art deco-Muster, die
ineinanderfließen – Mitte
der 20er Jahre war dem
Meister hinter der Kamera
das graphische Element im
Bild wichtiger als der
lebendige Ausdruck in den
Gesichtern von Mutter und
Tochter

über die ehemals so sittsame bürgerliche Idylle hereinbrachen,
schlug diese „leichtfertige" Mode voll auf die Kinderkleidung durch.
Der tiefangesetzte Rock unter dem geradefallenden Oberteil und
glatt gestriegelte Pagenköpfe – das war unkompliziert und leicht zu
pflegen. Die Ära von Pomp und Pracht war vorüber.

Dafür wurden jetzt die Stoffmuster wichtig: Art deco auf die Spitze
getrieben – das probierte Mitte der 20er Jahre ein Fotograf bei Mutter und Tochter im gleichen Dessin. Er zirkelte so lange an der per-
fekten Pose herum, bis die Streifen auf den Kleidern der beiden
ohne sichtbare Trennung ineinanderflossen. Das ganze eine Kom-
position aus textilen Parallelen.

Weit entfernt vom Aufwand, der für ein Atelierfoto üblich war, ist die Alltagskleidung in den 20er Jahren. Links ein Schnappschuß von einer Familie, die in warmer Winterkleidung auf dem Heider Markt eingekauft hat (1929), rechts vier zerzauste Spielkameraden aus Nordhastedt, denen man ansieht, daß sie die Sommertage in vollen Zügen genießen (1924)

Unberührt von solchen ästhetischen Spielereien hatte Kindermode in den 20er Jahren auf dem Dorf ihr eigenes Gesicht. Selten genug sind um diese Zeit auf dem Lande Kinder in Alltagskleidern fotografiert worden. Da haben wir also das echte Leben: Wer durch Hecken kriecht, mit der Katze spielt und auf dem Feldweg Sandburgen baut, der muß angezogen sein wie die vier kleinen Nachbarskinder, die eine Mutter 1924 in Nordhastedt zu einem Schnappschuß zusammensammelte.

Mit der kniefreien Mode hatten sich die Kinder jedoch die Plage der langen braunen Wollstrümpfe eingehandelt. Das 1927 aufgenommene Foto von Schwesterchen und Brüderchen auf der Treppenwange zeigt, wie schwierig es war, damit einen ordentlichen Eindruck zu machen. Die Strümpfe beulten sich aus, rutschten in Ringeln nach unten und hatten garantiert schon beim ersten Sturz ein großes Loch auf dem Knie. Lochgummibänder und Wäscheknöpfe hielten die Kalamität am Leibchen fest. Erst nach dem letzten Krieg machte die Erfindung der haltbaren Strumpfhose aus elastischen Synthetikgarnen diesem Elend ein Ende.

Das Dilemma
der langen Woll-
strümpfe:
manchmal krat-
zig, immer aus-
gebeult und
schnell kaputt
(links, 1927) –
Sonntagskleider
in Art deco-Mu-
stern und eine
neue Frisuren-
mode: die Zöpfe
wachsen um die
Wette (oben,
1932)

Zehn lustige kleine Mädchen feierten 1932 Geburtstag – immer
noch in Sonntagskleidern mit Art deco-Muster, aber mit neuer Fri-
surenmode. Da wachsen zehn Paar Zöpfe heran, alle von der gleichen Länge! Ist die Idee von der emanzipierten Karrierefrau mit den
kurzgeschnittenen Haaren etwa schon wieder ad acta gelegt? Man
denkt unwillkürlich an die jungen Mädchen in Uniform, die ein paar
Jahre später in braunen Kletterwesten „Dienst" machten – lange
Zöpfe waren so etwas wie ihr Markenzeichen.

Unmittelbar nach dem
Zweiten Weltkrieg mußte
Kinderkleidung aus dem
Nichts gezaubert werden.
Ein aus aufgereppelter
Wolle gestrickter Pulli,
ein Faltenröckchen mit
auf Zuwachs geschnitte-
nen Trägern, handge-
strickte lange Strümpfe –
Mütter entwickelten be-
wundernswerte Recy-
cling-Ideen (1949)

Doch es ist beruhigend, daß selbst die heftigsten Identifikationen
und die heiligsten Idole nur begrenzte Lebensdauer haben. Die
Kleine im Trägerrock, die 1949 so unbekümmert in die Kamera
lacht, ahnt noch nicht, was ihr die nächsten Jahrzehnte alles an-
bieten werden: New Look, Baby-Doll und Minirock, Twiggy und Bri-
gitte Bardot, Hippie-Look und Bundeswehrparka, Jeans- und
Rockermode. Auch davon ist die Hälfte heute schon wieder vergessen.